世界国家地理图鉴

SHIJIE GUOJIA DILI TUJIAN

才学世界　　主编：崔钟雷

吉林美术出版社 | 全国百佳图书出版单位

图书在版编目（CIP）数据

世界国家地理图鉴 /崔钟雷主编 . —长春：吉林
美术出版社，2010.9（2022.9 重印）
（才学世界）
ISBN 978 - 7 - 5386 - 4689 - 4

Ⅰ.①世⋯　Ⅱ.①崔⋯　Ⅲ.①地理 - 世界 - 普及读物
Ⅳ.①K91 - 49

中国版本图书馆 CIP 数据核字（2010）第 173952 号

世界国家地理图鉴

SHIJIE GUOJIA DILI TUJIAN

主　　编	崔钟雷
副 主 编	刘志远　芦　岩　杨亚男
出 版 人	赵国强
责任编辑	栾　云
开　　本	787mm×1092mm　1/16
字　　数	120 千字
印　　张	9
版　　次	2010 年 9 月第 1 版
印　　次	2022 年 9 月第 4 次印刷

出版发行　吉林美术出版社
地　　址　长春市净月开发区福祉大路5788号
　　　　　邮编：130118
网　　址　www.jlmspress.com
印　　刷　北京一鑫印务有限责任公司

ISBN 978 - 7 - 5386 - 4689 - 4　　定价：38.00 元

前 言
foreword

　　古人云："读万卷书，行万里路。"这既是一种学习方式，更是一种人生追求。在书海上泛舟与在名山大川中徜徉都使我们的人生充满无尽的乐趣。但书海何等浩瀚，天地何其广阔。我们无法读完世上所有的书籍，就如同我们无法尽览天下的美景。现在，请您打开这本书，让我们一同去领略世界各国的无限风光……

　　本书精选亚洲、欧洲、非洲、美洲、大洋洲五大洲的数十个最具代表性的国家进行介绍。我们选取了数百幅真实而清晰的图片，直观地对每个地区的自然风景、文化特色加以介绍，令读者能够身临其境地体味那里的风土人情。本书内容丰富，不仅介绍了每个地方的自然地理和历史故事，更加入了神话传说、逸闻趣事，从而达到自然地理与人文地理完美地结合。可以说，拥有这本书，您就可以足不出户，饱览世界各地的风光！

　　阅读本书，不仅是一种空间的跨越，更是一种心灵的体验。在这里您既能在香榭丽舍大街上自由漫步，在巴厘岛的沙滩上倾听大海的倾诉，又能在库斯科古城感受玛雅文明的辉煌，在胡夫金字塔旁体味埃及历史的沧桑。来吧！让我们的身心开始这次美丽的远行。

编　者

目录

1

CONTENTS

美 洲

CONTENTS

世界国家地理图鉴
SHIJIE GUOJIA DILI TUJIAN

欧 洲

地理图鉴

英 国

英国
国名：大不列颠及北爱尔兰联合王国
首都：伦敦
面积：24.41 万平方千米
官方语言：英语

英国是一个风景如画的岛国，那里湖泊众多，名胜古迹遍布全国：有神圣的威斯敏斯特大教堂；有见证英国历史的伦敦塔；有"北方雅典"之称的爱丁堡……这些著名景观深深地吸引了世界各地的游客。

英国是个岛国，位于大西洋中的不列颠群岛上，面积为 24.41 万平方千米。

英国的东南部是平原，北部和中西部主要是山区。气候属于典型的温带海洋性气候，空气温和湿润。

英国风景如画，名胜古迹遍布全国。首都伦敦是最著名的旅游胜地，有威斯敏斯特宫、威斯敏斯特大教堂、大英博物馆、伦敦桥、伦敦塔等景点。此外，爱丁堡、巴斯城等地也有不少名胜古迹。

伦敦

伦敦位于英格兰东南部的平原上，跨泰晤士河下游两岸，距离泰晤士河入海口 88 千米远。伦敦是英国的首都，英格兰的首府，是全国政治、经济和文化中心。它是英国的第一大城市及第一大港口，同时还是全球三大金融中心之一。这个方圆一千五百多平方千米的城市

是全欧洲最为繁荣的商业城市之一。

伦敦是一座既古老又现代的大都市，几千年传统文化的积淀使其跻身世界上最古老和传统的城市之列。伦敦还是一个多元化的大都市，这里的居民使用约三百种不同的语言，而全球各地的文化也在这里留下了印记。不少来自中东、南亚和东南亚等地的人也在这个大都市定居、工作，让这个城市平添了不少异地色彩。

东方艺术馆内除了少量是中亚、南亚和日本的文物外，还收藏了两万多件中国历代的稀世珍品，其中以距今六千多年的半坡村尖足缸及红陶碗，新石器时代的大琮、玉刀、玉斧，商周时期的青铜尊、鼎，秦汉时期的陶器、铜镜、漆器铁剑，六朝时期的《女史箴图》等最为珍贵。在参观大英博物馆时，游客面对着这许许多多光彩夺目的艺术瑰宝，总会被深深地吸引。

大英博物馆中的藏书数以万计，有大量的经典文献、书籍、手稿、档案等珍本。

泰晤士河

泰晤士河是英国最长的河流，也是最重要的水路，同时还是英国的母亲河。

泰晤士河流经之处都是英国文化的精华所在。伦敦的主要建筑物大多分布在泰晤士河的两岸，尤其是那些有着上百年历史的建筑，比如具有象征胜利意义的纳尔逊海军统帅雕像，葬有众多伟人的威斯敏斯特大教堂，具有文艺复兴风格的圣保罗大教堂，曾经见证过英国历史上黑暗时期的伦敦塔，桥面可以起降的伦敦塔桥等。这些建筑都可以称得上是艺术的杰作，虽历经沧桑，甚至经过第二次世界大战的战火洗礼，但仍然保持了固有的模样，直至今天还在为人们所使用。英国的政治家约翰·伯恩斯曾说："泰晤士河是世界上最优美的河流，'因为它是一部流动的历史'。"

泰晤士河沿岸风光

白金汉宫

白金汉宫内部景观

位于伦敦威斯敏斯特区圣詹姆士公园西端的白金汉宫是英国著名的王宫。

1703 年，白金汉公爵和诺曼底公爵及约翰·谢菲尔德将建于这里的一座公馆取名为白金汉宫。1761 年，英王乔治三世将这个公馆买下，将其作为国王的生活区。维多利亚女王于 1838 年登上王位后，这里便成了历代君主的住处。

白金汉宫陈设的讲究及豪华程度是其他王宫无法比拟的，王宫共有大大小小厅室 600 间，其中典议厅、会客厅、舞厅、音乐厅、画廊、图书室、皇家集邮室等是较为重要的厅室。这些厅室内的装饰有光彩夺目的水晶玻璃和雕花玻璃的大吊灯，天花板金碧辉煌，地毯豪华高级，家具和陈设品都是极为罕见的艺术珍品。

白金汉宫除了三处对外开放外，其他部分均不向公众开放。对外开放的地方包括：一是禁卫军换岗仪式，每天上午 11 时 30 分在皇宫前院举行的换岗仪式宛如一场古装戏演出，由禁卫军乐队担任伴奏；二是位于白金汉宫南侧的女王美术馆，这个美术馆是于 1961 年在一所皇家教堂的废墟上建立的，该馆是展出皇家收藏艺术珍品的小型艺术陈列馆；三是位于英国伦敦城"弗利特街"东口外不远处，卢德盖特山上的圣保罗大教堂，它是世界第三大教堂。它以悠久的历史、壮观的圆形屋顶和别具一格的建筑特色吸引了大量游客。

小百科

格林尼治皇家天文台由英国天文学家弗拉姆斯蒂德于 1675 年建成，台址选在伦敦东南郊的格林尼治皇家花园中。1884 年天文学界统一将通过该台的格林尼治子午线作为本初子午线。

地理图鉴

法 国

法国

国名：法兰西共和国

首都：巴黎

面积：55.16 万平方千米

官方语言：法语

法国如一个倾斜的花篮，静卧在欧洲西部。静谧的塞纳河无言地目睹着法国历史的变迁，巴黎圣母院鸣响着不朽的钟声，阳光明媚的海湾，美丽迷人的城市风光使法国成为备受欢迎的旅游胜地。

法国位于欧洲西部，濒临北海、英吉利海峡、大西洋和地中海四大海域。地中海上的科西嘉岛是法国最大的岛屿。法国地势东南高西北低，向大西洋敞开。东部是阿尔卑斯山地和侏罗山地；中南部为中央高原；西南边境有比利牛斯山脉。法、意边境的勃朗峰海拔 4 810 米，为欧洲最高峰。法国大部分地区属海洋性温带阔叶林气候，南部沿海和罗讷河谷地属亚热带地中海式气候。

巴黎

巴黎是著名的国际性大都市，塞纳河横贯其中，宽广畅通的道路两旁商埠林立。

鳞次栉比的店面之间，咖啡馆、酒馆和餐馆比比皆是，门窗都经过精心的装饰，门前的空地均安放了几排小巧的竹制桌椅，圆桌的后面通常放置两把并排的椅子，面向大街，人坐在这里，如入剧场，舞

巴黎广场雕塑

台就是对面的大街。客人们则两三个人并肩而坐，面前摆上一杯酒或咖啡，一边聊天，一边观看街上来往的人潮。作家左拉曾就此有感而发："一群无声的人观看活生生的街景。"咖啡馆是巴黎的特别景致，无数大艺术家、作家和知名学者常常来此聚会，在这里沉思、讨论，或在这里慷慨激昂地辩论，孕育出了令世人惊叹的灵感，有的作品甚至改写了历史。那种辉煌仿佛充溢在空气中，从一间间精致可爱的咖啡屋里，从小圆桌上，从杯杯漂浮着香气的咖啡中，丝丝缕缕，不可抗拒地向人们袭来。

埃菲尔铁塔

高处不胜寒，埃菲尔铁塔像一个身着铁盔、铁甲、铁罗袍的英武将军，气宇轩昂地矗立着。从半圆形的沙佑宫拾级而下，经过喷泉、草坪，横跨塞纳河，来到铁塔的脚下。路边有艺术家为游客画像，有各种肤色的小贩在礼貌地兜售明信片、铁塔模型等旅游纪念品。他们大都并不着急开张，神态很从容。可能是旅游商业太发达的缘故，纪念品在材料和制造工艺上已经显示不出丝毫的本土味道，成了纯粹的商品。

埃菲尔铁塔分三层，四座坚实的塔基拔地而起，直到高 57 米的平台。平台以塔座支架的结构为基础，形成了四个区域，中间有通道连通，平台上分别陈列着一些精致巧妙的机械装置，现代的金属雕塑与钢铁结构的塔身浑然一体，仿若天成。从 57 米处，四座塔基

埃菲尔铁塔

向空中延续，构成铁塔中层承上启下的部分。二层平台高 115 米，这里有几家旅游商店，出售各种各样的纪念品。115 米以上便是埃菲尔铁塔的主体塔身，直入云霄。276 米的顶层平台中厅展示着巴黎的环绕照片，周围是像环绕回廊一样的阳台，从这里可以居高临下俯瞰巴黎全景。巴黎城区广阔、密集的建筑一直连向远方，片片灰色的屋顶间散落着一些特别的造型，各式各样的广场、纪念塔、宫殿、教堂、城堡像是为平静的城市演奏着跌宕起伏的华彩乐章。穿过市区的塞纳河从远处望去，好似静止一般，为城市增添了几分灵秀。

埃菲尔铁塔在建成初期，曾经备受争议。人们认为它和由古老的纪念物代表着的巴黎不相匹配，破坏了城市的整体美感，后来人们才逐渐认可了它的独树一帜，而在人们眼中仿佛没有它，巴黎便不再是巴黎。如果人们不只是站在这个时代的立场上，不只是局限于这个时代去看待，在多少年以后的将来，除了专门从事研究的人外，对于普通的人们来说，一个世纪以前和几个世纪以前的名胜没有什么区别。虽然人们能够一一述说出它们属于什么时代，而事实上，它们仿佛同样的古老，仿佛都是固有的存在，而且非常和谐地存在于人们的脑海里。时间和岁月会磨平很多棱角，调和很多差异。

巴黎圣母院

巴黎圣母院不仅因雨果的同名小说而出名，更因为它是巴黎最古老、最宏伟的天主教堂。教堂始建于 1163 年，整座教堂建成于 1345 年，是典型的哥特式建筑。教堂建筑历时约两百年，在欧洲建筑史上具有划时代的意义。

教堂形体方正，仪态庄严。正面朝西分三层，高 69 米，底层并排三座桃形大门洞，左为圣母门，右为圣安娜门，中为最后的审判。门券上布满了雕饰，描述《圣经》的故事。门券上是长条壁龛，一字排列着 28 座雕像。

建于 1370 年的圣母院后殿，不但是整组建筑的终端，还创造了一种影响到每一部位结构的动感，从高低脚拱到肋状构架，都体现了这种动感。高低脚拱半径达十五米左右，别具一格的后殿建筑不愧为杰出的哥特式建筑。

从圣母院塔上可观赏到塞纳河上的风光及庞比度假中心。星期天晚上，圣母院内不时有风琴演奏。

　　有人说去巴黎圣母院的话，最好从北门进入，一进门就能看见绚丽夺目的三个玫瑰画窗。此外，圣母院两边分布着很多有名的商店，在那里可以买到很多精美的纪念品。

巴黎圣母院

小百科

　　石建柱身的旺多姆圆柱高 41 米，上面刻满拿破仑的 45 次战役的事迹，顶上立有拿破仑·波拿巴铜像，波旁王朝复辟期间被取下。1833 年在人民的压力下，七月王朝又把拿破仑·波拿巴铜像放在圆柱顶上。

地理图鉴

意大利

意大利
国名：意大利共和国
首都：罗马
面积：30.13 万平方千米
官方语言：意大利语

意大利像一只美丽的靴子，静卧在三面环海的亚平宁半岛上。五光十色的瀑布、湖泊、岛屿，风光绮丽的海滩、小溪、喷泉及辉煌的人文景观构成了意大利独特的风景图画。

意大利位于欧洲南部，领土包括亚平宁半岛以及西西里岛、撒丁岛和其他许多小岛。

意大利境内多山，北部为阿尔卑斯山脉，亚平宁山脉纵贯半岛，两山之间是波河平原。其气候属典型的亚热带地中海式气候。

意大利是欧洲文明的发源地，罗马、那不勒斯、佛罗伦萨、威尼斯等古城闻名世界，许多古迹颇具观赏价值。比萨斜塔名扬世界，堪称世界建筑史上的奇迹，吸引了无数游客的目光。

罗马

古罗马的历史可以上溯到公元前 12 世纪。建于公元前 27 年—公元 476 年的古罗马帝国就是在这一地区发展起来的，公元 750 年—1870 年，一直作为都城。1870 年，意大利统一后又定都罗马。

在罗马古城内，古建筑的残垣断壁和名胜古迹随处可见。公元 2 世纪，这里建立了一座著名的潘提翁神殿，它在古罗马建筑中是保存

最为完好的。

坐落在埃斯奎利尼山上的古罗马斗兽场，建于公元 1 世纪，场中有 45 000 个座位，还有几千个站位，可容纳近五万人。观众席呈环形，回廊环环相通，方便出入。座位下面的兽室与中央场地连通。罗马斗兽场气势非凡，是古罗马建筑最高成就的体现。

罗马人庆祝胜利的方式与其他地方不同，他们并不建造纪念碑或纪念塔，而是建造大大小小的凯旋门。其中，为纪念君士坦丁大帝于公元 312 年在米尔维亚桥上战胜马克森提而建立的凯旋门是最大的一个。

罗马市内有三千多个喷泉，最著名的是建于 1762 年的特雷维喷泉。无数个喷泉在阳光下喷花溅雾，形成道道彩虹，绚丽多彩。作为全世界天主教的中心，罗马共有教堂三百多座，另外还有天主教大学 7 座、修道院三百多所。

罗马历史上著名的广场有：恺撒广场，始建于公元前 51 年；努姆广场，始建于公元前 5 世纪；奥古斯都广场，始建于公元前 42 年；图拉真广场，它是古罗马最大的广场，建于公元 111 年—114 年。

威尼斯广场是目前罗马最大的广场，坐落在内城中心跑马场街尽头，长 130 米、宽 75 米。埃马努埃尔二世纪念碑矗立在广场南面。由巴尔保枢机主教于 1455 年兴建的威尼斯大厦挺立于广场西面，是罗马最著名的文艺复兴时期的宫殿式建筑。

卡拉卡拉浴场有近一千八百年的历史，始建于公元 212 年，公元 5 世纪开始用作浴场。浴场四壁用大理石砌就，下底是嵌石，壁画、

魅力十足的意大利

雕像、用具也非同一般。浴室分为两层，门呈圆拱状，里面金碧辉煌，与壁画、雕像交相辉映。浴场占地24 281平方米，可同时容纳近两千人共浴，洗浴分冷水、热水、蒸汽三种。

青铜塑像

米兰

米兰曾为米兰省和伦巴底的首府，是意大利人口第二多的都市，同时也是工业、商业与金融中心。它坐落于肥沃的波河平原上，有着丰富的人文景观和旅游资源。

坐落于市中心的杜莫主教堂是仅次于梵蒂冈的圣彼得大教堂和西班牙的塞维利亚大教堂的欧洲第三大教堂。1386年，教堂奠基仪式由米兰望族吉安·维斯孔蒂主持，1805年—1813年由拿破仑主持完成大部分工程，1965年最后竣工。工程前后持续长达6个世纪。主教堂呈拉丁十字架形，宽55米、长150米，面积1.17万平方米，可容纳3.5万人。教堂的建筑师和设计师来自欧洲的意、法、德等许多国家，所以教堂集古希腊、古罗马及多个民族的建筑艺术风格于一身。因杜莫主教堂全部用康多利亚的白色大理石修建，所以被人称赞为"大理

意大利米兰优美的建筑

石山"。

　　教堂正面是5座大铜门和6组大方柱，最大的中门尤为华贵。每座大门都由上而下分成了许多方格，每格上都刻有主教堂的历史、《圣经》故事与神话及各种图案，像飞禽走兽、花鸟鱼虫等。大型浮雕和各种人物雕像刻满了方柱的柱基与柱身。教堂屋顶上挺立着135个哥特式大理石尖塔。远远望去，好像天国的塔林浮现半空，又宛如一顶雕琢精美的王冠。中央的八角亭尖塔最高达107米，塔顶是镀金的圣母玛丽亚铜像，高4.2米，在阳光照耀下光彩熠熠。乘电梯登上塔顶，可以欣赏到远处阿尔卑斯山和周围乡村的秀美景色。其他塔尖的雕像与真人大小一样，整个教堂共有四千多尊雕像，较大的有3 159尊，另有几百尊镶在窗格里。

　　在教堂大厅两侧有26扇巨大的玻璃窗，一般都有二三十米高，窗上是一些《圣经》故事，全部用五彩玻璃拼成。1805年，拿破仑宣布自己兼任意大利国王就是在这个教堂举行的加冕仪式。

　　多明我会修道院和绘有达·芬奇《最后的晚餐》的圣玛丽亚教堂的圣餐厅也是米兰著名的旅游景点。

　　始建于1463年的圣玛丽亚教堂和多明我会修道院，其建造者是米兰建筑师索拉兄弟。教堂后部的半圆穹隆在其建成初却被拆除，后来这个地方被著名建筑大师布拉曼特重新修建了一座大圣坛。大餐厅、圣器室和方形回廊也是由布拉曼特主持修建的。

　　圣玛丽亚教堂圣餐厅里的《最后的晚餐》壁画，由文艺复兴时期的科学家和大艺术家利奥纳多·达·芬奇亲手创作，许多年来这幅壁画一直是米兰人的骄傲。达·芬奇曾经在米兰生活了二十多年。1495年—1497年，达·芬奇在教堂餐厅的北墙上绘成了他的传世杰作《最后的晚餐》。

　　《最后的晚餐》描绘了耶稣和十二门徒进行晚餐的情形，画中人比真人要大1倍，表情各异，栩栩如生。画体高4.97米、长8.85米，为一幅大型胶画。此画曾多次遭战火毁坏，先后修补过6次。

杜莫主教堂内部景观

意大利在 1870 年实现了统一，这为其工业的发展提供了必要条件。到 19 世纪末 20 世纪初，除去移居国外的 1 100 万意大利本土人口，意大利净增 1 500 万人口，总人口达 3 400 万。政府依靠大力发展工业来满足庞大人口的生活需要。

意大利纺织工业的振兴，是与克里斯托夫·贝尼奥·克雷斯皮分不开的。1875 年，他在贝加莫和米兰之间购买了 1 平方千米的土地，利用当地原有的纺织工业基础，兴建了具有中世纪风格的纺织厂。为了改善职工生活，1878 年克雷斯皮兴建职工集体宿舍，结果大大提高了职工的生产积极性。

1889 年，克雷斯皮的儿子接管工厂。这位年轻的企业家干劲十足，不仅扩大了工厂规模，还为职工建造了职工家居一条街。他还以小街为中心，相继兴建了教堂、学校、药店、医院，还设立了银行、管理局，并兴建体育及文化设施。一个新兴的工业城市就这样逐渐发展起来。中世纪城市的古朴风貌和工业革命的遗迹使这个地方有着巨大的吸引力。

小百科

庞贝是意大利维苏威火山附近的一座商业城市。一千九百多年前维苏威火山喷发将该城掩埋，1860 年才被大规模挖掘出来。庞贝遗址再现了当时亚平宁半岛居民的生活情景，是一座罕见的天然历史博物馆。

地理图鉴

西班牙

西班牙
国名：西班牙
首都：马德里
面积：50.59 万平方千米
官方语言：西班牙语

西班牙是著名的旅游国家，有"世界旅游王国"的美誉。地中海沿岸旅游资源丰富，尤以阳光、海水、海滨、沙滩闻名于世。此外，西班牙还以众多的名胜古迹和独特的民族风情吸引着世界各地的游人。

西班牙位于欧洲西南部的伊比利亚半岛，领土南端为地中海通向大西洋的咽喉要道。其境内多高原和山脉，是欧洲的高山国家之一，属于地中海气候。该国居民多信奉天主教。

西班牙是一个旅游王国，名胜古迹众多，引人入胜。那里有许多王宫、城堡和教堂，如巴塞罗那的古埃尔府、阿维拉古城、布尔戈斯的大教堂，堪称欧洲"三绝"。

西班牙有着古老而独特的传统民族文化，其中包括举世闻名的斗牛表演、热情奔放的西班牙舞蹈以及各种风俗习惯等等。

塞维利亚

古老的塞维利亚市有许多著名的文化遗址，如塞维利亚大教堂、阿尔卡萨尔及西印度群岛档案馆等。

塞维利亚是一座古城，其历史可追溯到两千多年前。这个公元前

曾屡遭外族入侵的伊比利亚人居住的小镇，在公元 8 世纪进入摩尔人统治时期。此时的塞维利亚经济繁荣，并以输出橄榄油而闻名于世，因此在历史上它又被称作"小罗马"。1248 年，国王斐迪南三世恢复了在此地的统治权。1519 年，著名的航海家麦哲伦就从这里出发，完成了具有划时代意义的人类首次环球航行。而不朽的世界名著——

阿尔卡萨尔建筑景观

《堂吉诃德》由西班牙文豪塞万提斯在此完成。

塞维利亚大教堂修建于 15 世纪，教堂长 116 米、宽 76 米，面积达 8 816 平方米，是世界第三大教堂。教堂的修建历时 120 年，规模仅次于梵蒂冈的圣彼得教堂和伦敦的圣保罗教堂。由于大教堂是在一座清真寺的基础上修建而成的，因此清真寺的部分建筑也被完好地保留了下来。教堂内的比拉尔达塔建于 12 世纪，它是在原清真寺的一座方形砖塔上扩建而成。16 世纪中叶，教堂内又建了一座装有 25 座钟的钟楼和一座代表"信仰"的巨大塑像，由此使其成为塞维利亚著名的路标。哥伦布的灵柩安放在大教堂的中央大厅，而与大教堂相邻的圣埃梅内尔小教堂内则安放着文学大师塞万提斯的灵柩。

塞维利亚著名的文化遗址"阿尔卡萨尔"，其意为"城堡王宫"，始建于 12 世纪。此外，还有一处文化遗址为西印度群岛档案馆，是以前的交易所。西班牙国王卡洛斯三世于 1784 年下令将它改为专门收藏美洲新大陆相关资料文件的档案馆，馆内珍藏着大量珍贵文物，如哥伦布和麦哲伦的手稿等。

巴塞罗那

巴塞罗那是西班牙的第二大城市，也是西班牙最有魅力的城市。最初，罗马人并不十分喜欢这座城市，但最终还是为这座城市所着迷。

走进巴塞罗那，人们会对怪诞天才高迪设计的建筑物惊叹不已，感叹于米罗和毕加索惊世的艺术作品，而精力充沛、魅力十足的西班牙人也让游客深深地着迷。难怪有调查称最令人向往的欧洲国家就有

西班牙。

巴塞罗那是西班牙的历史文化名城和旅游胜地，它每年都吸引着无数的世界游人前来观光游览。

远离闹市的地方，坐落着巴塞罗那著名的圣帕乌医院。这所医院占地10万平方米，塔楼高耸，是典型的哥特式建筑。砂岩、大理石、马赛克、砖等各种建筑装饰材料被加以完善运用，使每一座建筑都各具特色。远远看去，仿佛是一个童话中的世界。

加泰罗尼亚音乐厅于20世纪初建成。音乐厅的内外装饰大量使用马赛克和彩色玻璃，剧场大厅天井的巨型吊灯晶莹剔透，舞台上方是神采奕奕的奏乐天使的雕塑。加泰罗尼亚音乐厅被世人誉为"西班牙现代主义建筑最完美的作品"。

巴塞罗那的古埃尔公园、古埃尔府和米拉大厦也是享誉世界的著名旅游景点。

 小百科

西班牙是世界著名的"斗牛王国"。斗牛历史悠久，最早可追溯到两千多年前，后来逐渐演变成一种竞技表演。现在的斗牛已形成一整套规定程序，保留了最神奇、最勇猛的部分。

地理图鉴

葡 萄 牙

葡萄牙
国名：葡萄牙共和国
首都：里斯本
面积：9.21 万平方千米
官方语言：葡萄牙语

葡萄牙山川秀丽，古迹众多。古老的教堂、修道院已成为其文化的重要组成部分，而波尔图地区更有悠久的历史。在那里，游人可以尽情品尝葡萄酒，享受人间美味。

葡萄牙位于伊比利亚半岛西部，该国南部和西部濒临大西洋，其拉丁语意为"温暖的港口"。葡萄牙的地势总体由东北向西南和东南倾斜，地形以平原为主，南部为地中海型气候，北部为温带海洋性气候。

葡萄牙山川秀美，古迹众多，里斯本和波尔图都有许多古迹。位于大西洋中的亚速尔群岛和欧洲的"天涯海角"——罗卡角，也是著名的旅游胜地。

里斯本

赫罗尼莫斯修道院和贝伦塔坐落于葡萄牙首都里斯本西南处。这是一处记录葡萄牙历史最辉煌时刻的地方。

1498 年，瓦斯科·达·伽马开辟了通往印度的航线，给葡萄牙带来了大笔财富。曼努埃尔一世为了向祖先表示敬意，于 1517 年开始动工修建了一座修道院，在 1551 年建成，这就是著名的赫罗尼莫斯修道院。修道院采用石灰岩结构，墙壁上被装饰成一个天然的舞台布

景。在修道院中的圣玛丽亚教堂南门廊柱上有 24 尊巨型圣人像，堪称后期哥特式风格建筑中的杰作。修道院规模宏大，装饰华丽，是流行于 16 世纪初期典型的曼努埃尔式建筑，院内有一块墓地，葡萄牙的名人大都安葬于此。

贝伦塔耸立在特茹河畔，建于 1515 年。实际上它是为了纪念瓦斯科·达·伽马的丰功伟绩而建的一座灯塔。塔身高 35 米，由石灰岩石块搭建而成，属于葡萄牙独特的曼努埃尔建筑。整个塔身雕刻着网、绳索等与海和船有关的图案，"成功圣母像"屹立在中庭。与整体风格略有不同的是，塔身

埃武拉历史地区的古建筑

胸墙上的窗花格属于伊斯兰风格，而螺旋形的小尖塔则明显受到印度建筑风格的影响。

埃武拉历史地区

埃武拉历史地区坐落于葡萄牙埃武拉行政区，其西面 110 千米的地方便是葡萄牙的首都里斯本。

历史上，埃武拉地区曾是罗马军队的长期驻地。公元 712 年，摩尔人占领此地，1166 年，基督教重新收复这里。16 世纪埃武拉已发展成为大主教区，葡萄牙王族经常来此居住。16 世纪—18 世纪时，埃武拉已成为葡萄牙两大著名都市之一，其繁荣之势集中体现了葡萄牙的黄金时代。

埃武拉在罗马帝国时期就自行铸造货币，还修建了高架引水渠。当时还修建了狄安娜神殿，而如今神殿已毁，只留下底座上的一根石柱茕茕孑立。

建于 1186 年的埃武拉大教堂成功地将罗马建筑风格与哥特式建筑风格融合在一起。两座巨大的角形塔楼并立，带屋顶的教堂大门被夹在中间。

沃伊奥斯修道院教堂始建于 1485 年，教堂后来毁于地震，1755 年重建，墙壁上用蓝瓷砖装饰，别具特色。

　　圣布拉斯教堂在外观上综合了穆德哈尔风格和后期巴洛克风格。而圣母教堂和于1559年建成的埃斯皮里图大学则主要体现了文艺复兴时期的建筑特点。

波尔图历史地区

波尔图历史地区位于葡萄牙北部的波尔图市。该市地处多鲁河入海口东岸，是仅次于首都里斯本的第二大城市。该城历史悠久，可以追溯到公元前4000年—前3000年。

波尔图风光

　　在西哥特人城堡遗址上建立起来的波尔图大教堂，其外观呈罗马式风格，蓝白瓷砖镶嵌的壁画表现了《雅歌》的情景。1809年，英国威灵顿将军强渡杜罗河袭击法国军队时，曾将圆柱山修道院作为炮兵兵营。这里还有一座僧侣塔，塔高75米，分为10层，是18世纪中叶的花岗岩建筑，它曾长期被用作引航的航标。

　　水晶宫规模宏大，气势非凡，是为1865年工业展览会而建。1842年动工修建的摩尔人大厅是股票交易所，主厅依照14世纪西班牙格拉纳达王国的阿尔罕布拉宫而建，整个建筑古朴典雅，堪称当地建筑的杰作。

 小百科

　　葡萄牙人注重礼仪，在通电话时一定要先问候对方的家人之后才谈正题。他们在参加正式活动时衣着讲究，但约会时都习惯迟到。足球是葡萄牙人的第一运动，在咖啡馆、学校、朋友间谈论最多的是足球。

地理图鉴

希 腊

希腊
国名：希腊共和国
首都：雅典
面积：13.20 万平方千米
官方语言：希腊语

希腊是欧洲文明古国，西方文明的发祥地。随处可见的历史遗迹，清新秀丽的自然风光吸引着各国游客前来寻幽探秘。雅典卫城、克里特岛、德尔斐古迹……仿佛在讲述着古老的神话。

希腊位于巴尔干半岛南部，包括伯罗奔尼撒半岛、克里特岛等几部分。

希腊境内 3/4 的国土为山地，平原狭小，多位于沿海地带，境内岛屿星罗棋布。其气候属地中海式气候。作为欧洲古代文明发源地的希腊，历史古迹不胜枚举。雅典、塞萨罗尼基、奥林匹亚、罗得岛、克里特岛、阿索斯山等地都有许多久负盛名的古迹。

2008 年 3 月 23 日，北京奥运会圣火在古奥林匹亚遗址内点燃后，在希腊境内进行了为期 7 天的传递，传递过程经过了 16 个地区，43 个城镇以及 4 个社区，沿途举办了 29 个庆祝仪式，北京时间 3 月 30 日圣火抵达位于雅典市中心的 1896 年首届现代奥运会会场。希腊奥委会在那里举行了庆祝仪式并将圣火传递给北京奥组委。

雅典卫城

举世闻名的雅典卫城位于希腊首都雅典的一块高地上。

虽然其高地海拔仅 152 米，但东面、南面和北面都是悬崖绝壁，因此地形十分险峻，其面积约为四千平方米。

这块高地在公元前 1500 年是王宫所在地，四周筑有坚固的城墙。雅典卫城于公元前 800 年开始形成，当时神庙等祭祀建筑物建在高地上，而城市则逐渐在高地下形成。

希波战争时，雅典卫城被波斯人破坏。公元前 5 世纪后期，希波战争结束，一条长 65 千米的"长墙"修建了起来，把雅典与比雷埃夫斯港连接起来。此外，卫城内的神庙也被重建。公元前 4 世纪以后，雅典人在山下建起了一整套体现雅典人民智慧和创造力的建筑物，如会堂、竞技场、大柱廊、扩建的狄奥尼索斯露天剧场，这些都是全世界人民的宝贵财富。

雅典卫城有一座正高 18 米、侧高 13 米的山门。山门的左侧是一座收藏精美绘画的画廊。雅典娜女神庙位于山门右前方。雅典娜神庙是祭奉雅典娜女神的神庙，"雅典"之名也源于此。女神神像高 12 米，全身饰以黄金和象牙，神庙建筑材料全是产于雅典附近的蓬泰利克大理石。神庙约长五十二米、宽 39 米。神庙内由一个近似方形的内殿和一个爱奥尼亚式门厅组成，一条饰以高凸浮雕、宽 2.54 厘米的中楣饰带围绕在建筑物外部。神庙东面的浮雕有一个执盾的雅典娜

神像。

雅典卫城最著名的建筑帕提侬神庙代表了古希腊建筑艺术的最高成就，因此又称之为"神庙中的神庙"。神庙基座高 69.5 米、宽 30.88 米，由石灰岩制成，庙内有高 18.5 米的圆柱 23 根。雅典卫城建筑中爱奥尼亚风格的典型建筑是厄瑞克特翁神庙，它以高低不平的高地为基石。神庙中的六个女神像柱是最美的部分。雅典娜、赫淮斯托斯、波塞冬等希腊诸神都是这个神庙所供奉的神。

迈锡尼

迈锡尼遗址

希腊古迈锡尼位于伯罗奔尼撒半岛东北部。《荷马史诗》描述这座城市为"建筑巍峨""黄金遍地"，以及"通衢纵横"。

城市建于一座三角形小丘上。修建于公元前 1350 年—前 1330 年的城墙基本保存完好，城墙一般高 49 米～115 米，最高处为 183 米，墙厚 33 米～151 米，全部以长方形的巨石雕凿而成，雄伟壮观。

迈锡尼国王的皇宫是迈锡尼城堡内的主体建筑，其中主要有卫室、回廊、内门、接待室、门厅、前厅、御座厅等。皇宫内的主厅长约一百三十八米、宽约一百二十八米，圣火坛以及用红灰泥建成的浴室等设在主厅中心。此外，皇宫还包括皇族寝宫和神庙等建筑。

城内另一著名古迹即皇宫西部的皇家墓地。墓地中央发现了 10 块浮雕和一个圆形祭坛，这些浮雕以战士驭车作战，以及狩猎为雕刻内容。墓地上有 6 所竖坑式墓穴，这些竖坑式的墓穴深达 82 米，有 19 具尸骨埋在墓穴之中。建于公元前 1300 年的"阿特柔斯珍宝室"发现于迈锡尼古堡的城墙以南。这些"宝室"实际上只是与竖坑墓穴相异的蜂窝式墓葬群。

迈锡尼被认为是欧洲晚期青铜器时代的典型地区，正是由于发现了这些珍贵的文物，所以人们把发掘于迈锡尼及其附近的文化遗迹通称为"迈锡尼文化"。

德尔斐的考古遗迹

德尔斐的考古遗迹，位于距希腊首都雅典西北约一百二十千米的中希腊区。

德尔斐享有"世界之脐"的称号。这个"世界之脐"的称号来源于一个古希腊传说。传说，在正确的地球概念未形成之前，即地球是一个大圆盘的时代，宙斯想测试一下他统治的这个世界的中心在哪里。于是他将两只山鹰从世界的两头放出，而两只山鹰的相遇之处就是今天的德尔斐的帕尔纳索斯山。因此德尔斐被希腊人称为"世界之脐"。

首次发掘德尔斐遗迹的是法国考古学者，他们于 1892 年开始在这里进行发掘。考古队发现了位于古城之内的圣地，面积达 1.67 万平方米。其三面为德尔斐城环绕，入口处位于其东南面，院内的许多纪念碑大都由城邦或私人建立，主要用来颂扬神谕圣迹，此外还有各城邦修建的藏珍库。阿波罗神庙位于圣地中心，经过了公元前 548 年的火灾、公元前 373 年的地震，以及公元 400 年前后的一次摧毁，现在只剩下参差不齐的石柱，以及残存的墙垣，依稀可见昔日的宏伟。这些残存的神庙建筑和纪念碑遗迹，都是人们研究希腊艺术的宝贵资料。

离阿波罗神庙不远的地方有一座建于公元前 2 世纪的大剧场，至今仍保存完好。大剧场可以同时容纳 5 000 名观众，另有一处大竞技场遗址，位于大剧场的附近。

奥林匹亚的考古遗迹

奥林匹亚的考古遗迹，在希腊伯罗奔尼撒区境内，位于首都雅典以西约一百九十千米处。

古希腊圣地奥林匹亚是奥林匹克运动会的发祥地，因举办祭祀主神宙斯的体育盛典闻名于世。

宙斯神殿遗址

奥林匹亚的考古遗迹多为体育比赛的建筑和设施。位于原来的宙斯神庙附近的运动场，是世界上最古老的运动场。后经发掘，已于公元前 4 世纪扩建成运动场。运动场

长200米、宽175米，坐落于长满橄榄树、柏树、桂树的丘陵地带之中。迄今为止石制看台的一侧仍保存完好，现在还能依稀看见原来由石灰石铺就的起跑点。周围建筑物的石柱直径都在2米开外。站在看台高处往下看，只见层层石阶好像涟漪层层的波面。古希腊青年们早在公元前1000年前后，就在这里进行竞技。

赫拉神殿是奥林匹亚遗址中现存最古老的建筑，它的规模并不大。供奉着女神赫拉像的神殿建于公元前600年前后。在这座神殿的祭坛旁边，就是现代奥林匹克大会圣火点燃仪式的举行地点。

奥林匹亚考古遗迹的中心是宙斯神殿，殿内立有宙斯神像，像身镶满了黄金和象牙，由大雕刻家菲狄亚斯雕刻而成。神殿旁边即是这位雕刻家的作坊遗址。传说宙斯神像被公元475年的一场大火烧毁。

 小百科

雅典的名字来自它的守护神——威力与智慧的女神雅典娜。作为古希腊神话中的神祇，她赐予人类犁、耙、纺锤和织机。雅典娜也是法律的制定者，她创设了法庭，维护社会秩序，故有"护城女"之说。

地理图鉴

俄 罗 斯

俄罗斯
国名：俄罗斯
首都：莫斯科
面积：1 708 万平方千米
官方语言：俄语

俄罗斯这片神奇的土地，不仅以其绚丽多姿的自然风光吸引游人到此观光，更以莫斯科、圣彼得堡等城市的历史人文景观吸引了异地他乡的游客前来访古探幽。

俄罗斯位于亚欧大陆北部，东濒太平洋，西濒波罗的海，西南临黑海和里海，北临北冰洋，地跨欧亚两洲，幅员辽阔，领土面积居世界第一位。

俄罗斯的地势西低东高，平原占国土面积的70%左右。叶尼塞河以西大部分是平原，高原和山脉主要分布在叶尼塞河以东的地区。

俄罗斯属温带和亚寒带大陆性气候，冬季漫长严寒，夏季短促温暖，春秋两季甚短。

俄罗斯历史悠久，土地广袤，因而旅游资源极其丰富。属欧洲部分的莫斯科、圣彼得堡等大城市有克里姆林宫、红场、冬宫等名胜古迹及伏尔加河和摩尔曼斯克秀丽的自然风光。而里海、黑海沿岸，以及东部地区则有贝加尔湖、堪察加半岛等著名的景点。

莫斯科

莫斯科是一座历史悠久和具有光荣传统的城市，始建于12世纪

中叶。莫斯科是俄罗斯最大的综合性工业城市，工业部门齐全，其中重工业与化学工业很发达，机械和仪表制造工业占全市工业总产值的一半以上。十月革命前，莫斯科以纺织工业而著名，被誉为"花布城市"。这座古老的城市，以著名的克里姆林宫和红场为中心，呈环状向外辐射。宽阔清澈的莫斯科河从城南缓缓而过，为这座美丽的城市增添了无尽的魅力。

作为俄罗斯标志之一的克里姆林宫和红场位于莫斯科市中心，包括克里姆林宫、红场，以及教堂广场建筑三部分。处于莫斯科心脏部位的克里姆林宫始建于 12 世纪。宫墙呈不规则的三角形。宫墙长 2 235 米、高 2.1 米，每面墙都建有 7 座碉堡。宫内有钟楼 20 座，其中装有大小各异的红宝石的五角星钟楼有 5 座，它们是斯巴斯克塔、特罗伊茨克塔、尼古拉塔、鲍罗维茨塔和沃多夫塔，无论在阳光下，还是在黑夜中，它们都闪耀着迷人的红光。

作为克里姆林宫最古老宫殿之一的多棱宫是用于举行庆功盛典、接见外国使臣的宫殿，并设有彼得大帝以前的历代沙皇的宝座。多棱宫的二楼呈正方形，有面积为五百平方米左右的主厅，大厅正中有一根石柱，在巨柱上方伸出四棱柱支撑着大厅的圆顶，圆顶上的壁画绘于 16 世纪末，由于历代重绘，色彩鲜艳精美。

伊凡大帝钟楼是克里姆林宫最高的建筑物，楼高 81 米，分五层。顶部呈金色，外部是装有拱形窗口的八面棱体，并装有鸣钟。从钟楼底部沿台阶可直达楼顶，站在楼顶可以一睹莫斯科全景。

莫斯科

莫斯科近郊的大修道院

克里姆林宫的中心是古老的教堂广场，圣母升天教堂和报喜教堂是广场的重要建筑。

红场位于莫斯科中心，紧邻克里姆林宫，是莫斯科的中央广场。广场长 700 米、宽 130 米，总面积达九万余平方米。红场的建立源于 15 世纪 90 年代莫斯科的一场大火。人们在空旷的废墟上建立了广场。其"红场"的名称则起源于 17 世纪中叶。红场是莫斯科历史最悠久的广场，虽几经改建和扩建，但仍保持原样，当年的石块路面依然青光发亮，古朴而整洁。

普希金博物馆位于莫斯科市的克鲁泡特金街。当年，普希金就是经常在这里和朋友聚会、讨论。馆内有 8 个展览厅，有书籍、画像、手稿、家具、油画等 5 万件展品。而其中最珍贵的是诗人的手稿，各种版本的作品及生活用品，如诗人用过的鹅毛笔、书桌等。大部分陈列物都是由私人捐赠的。庭院中诗人的不少艺术雕像令人不时驻足观赏，甚至一幅诗人两岁时的画像也显得弥足珍贵。

莫斯科以北约六十五千米的地方有一个著名景点——大修道院。大修道院的前身是一座三圣小教堂和小道房，这些建筑是由中世纪时一个名叫谢尔盖·拉多涅日斯基的僧侣修建而成。他于 1337 年来到莫斯科近郊谢尔盖耶夫的偏僻森林里建起这些修道院，后来它渐渐发展成为俄罗斯东北的大修道院，规模宏大，富甲一方。1477 年，紧挨着三圣大教堂，又建起了一座圣灵教堂。这时的三圣大修道院已是俄罗斯东正教的神学研究中心，声誉日盛。

由于是在几百年时间里逐渐发展起来的，大修道院成了俄罗斯东北古典建筑群的典范。它所拥有的各种形式的教堂和附属建筑群，历经各个朝代的改建和扩建，体现了不同时期的建筑风格。这些建筑物中有三圣教堂、杜霍夫斯基降灵教堂及其后增建的圣母升天教堂、塔楼、斋房、慈善医院及 11 座钟塔楼等，风格典雅、古朴，交相辉映。

在莫斯科东南部，有一座著名的科洛明斯科耶主升天教堂。

坐落在莫斯科河右岸的小山丘上的科洛明斯科耶主升天教堂，是

一座哥特式的白色教堂。莫斯科大公瓦西里三世为庆贺他的王位继承人出世，于1532年修建了这座教堂。

一个四边形高台构成了教堂的基座，从上面看呈十字架形状。教堂继承了俄罗斯的建筑艺术传统，木结构锥状屋顶代替了拜占庭式教堂的大圆顶，屋顶呈多棱锥状，直插云霄，被称为"沙乔尔"式尖顶。教堂基座部分呈两层回廊样式，在上下两层过渡的部分，用层叠的荷叶状山墙檐装饰，呈上升之感。

圣彼得堡历史地区

圣彼得堡历史地区及纪念物群位于俄罗斯西部的圣彼得堡市内。

位于波罗的海芬兰湾涅瓦河河口的圣彼得堡是彼得大帝于1703年开始修建的，后一直作为俄罗斯帝国通往大海的门户。1712年，俄罗斯从莫斯科迁都于此，直到1918年3月为止，1914年改名为彼得格勒。1924年，人们为了纪念列宁，再次改为列宁格勒。1991年苏联解体后，又称为圣彼得堡。

圣彼得堡是列宁格勒州的首府，也是俄罗斯仅次于莫斯科的第二大城市，更是俄罗斯重要的工业中心和交通枢纽。它拥有四千多个工业企业，其产值占俄罗斯工业总产值的6%，工业品畅销全国。城市交通发达，有10条铁路干线呈放射状通向赫尔辛基、华沙、莫斯科及俄罗斯其他大城市。圣彼得堡是座与威尼斯齐名的水城，整座城市由四十多个岛屿组成，七十多条天然河流和运河迂回其间，潾潾碧水与典雅建筑相映成趣，古风古韵的大小桥梁宛若长虹卧波。

圣彼得堡是俄罗斯文化和历史名城，它以建筑精美闻名于世，素有"地上博物馆"之称。城内的俄罗斯古建筑群久负盛名，属于18世纪早期的主要建筑群有：彼得保罗要塞及彼得保罗大教堂（彼得大帝的葬地），海军部岛上彼得大帝的夏花园及园中的夏宫等。这些建筑群具有俄罗斯早期巴洛克式建筑的特征：古朴、雄伟、稳重。18世纪后期的建筑有斯莫尔尼宫、冬宫、塔弗列奇宫、阿尼奇科夫宫（十月革命后改名少年宫）。19世纪初的主要建筑有：宏伟的喀山大教堂、高达101米的圣伊萨克教堂等。许多俄罗斯著名诗人和作家，如普希金、莱蒙托夫、高尔基等人都曾在此生活和从事创作。

圣彼得堡宏伟华丽的建筑是俄罗斯建筑史上划时代的标志。经过历史的沉淀和不断的发展，圣彼得堡已经成为和法国巴黎齐名的美丽城市。

圣彼得堡的精美建筑

圣彼得堡的中心建筑是建于1703年的彼得保罗要塞。它由彼得保罗大教堂、国家政治监狱、兵工厂和造币局等建筑构成。

始建于1711年的圣彼得堡著名建筑——冬宫，经后来的几次扩建后成为拥有1 050个房间、1 886座门、120座楼梯和1 945扇窗户的大型建筑。冬宫内部的装饰大量采用大理石、孔雀石、金箔、名贵木材等材料。冬宫前的宫殿广场上曾建有沙俄军队参谋部，中央建有凯旋门。1917年，冬宫成为推翻沙皇统治的资产阶级临时政府所在地。十月革命起义队伍攻下冬宫是十月革命取得胜利的标志。

艾尔米塔什博物馆是一座享有世界声誉的雄伟建筑。它屹立在涅瓦河左岸的宫殿群中，它的中心就是历代沙皇居住的"冬宫"。艾尔米塔什博物馆拥有丰富的收藏品，其规模绝不亚于伦敦大英博物馆或巴黎卢浮宫。

昔日作为沙皇"夏宫"的彼得宫，位于圣彼得堡市区30千米处，是彼得大帝在1710年修建的。全宫主要由大宫殿、玛尔丽宫、下花园、亚历山大花园、奇珍阁，以及茅舍宫等组成。它可谓是园林艺术的典范。

彼得堡最著名的教堂是圣伊萨克大教堂，101米的高度使它成为圣彼得堡最高的建筑物。教堂始建于1818年，耗时40年才完成。教堂四面是成双排列、重120吨的16根大石柱，其支撑的山墙都雕刻着花纹图案，极其美丽壮观。教堂内部到处是价值连城的壁画以及被视为艺术珍品的圣物。

🔍 小百科

俄罗斯正教会是东正教15个自主教会之一，于11世纪成立，16世纪宣布自主。自主后的教会进行了改革，统一了礼仪，取消了牧首制，改为主教公会制。彼得一世将东正教定为俄国国教。1943年牧首制恢复。

地理图鉴

德 国

德国

国名：德意志联邦共和国

首都：柏林

面积：35.7万平方千米

官方语言：德语

德国又被称为欧洲大陆上的"十字路口"。神秘的古堡、精致而幽静的田园村镇充满了迷人的浪漫色彩。各历史时期的文物建筑、博物馆及典雅宫殿……揭示了德国古老的文化风景，令人心驰神往。

德国的国土走势北低南高，地貌形态复杂多样，北部为冰碛平原，中部为丘陵和山地，南部是巴伐利亚高原和阿尔卑斯山脉。

德国旅游景点非常多，旅游业极为发达。柏林、科隆、吕贝克等地的文化古迹和阿尔卑斯山区秀丽的山川风光都足以使游客慕名而来。

波茨坦宫殿正观

柏林墙

1961年8月13日，德意志民主共和国围绕西柏林构筑了一道界墙——柏林墙，并先后多次改建。柏林墙的整体是窄长的带状禁区和两重建筑物。外层墙高3.5米，水泥板结构，紧挨西柏林边界。为防

柏林国会大厦

止攀缘，上部的设计采用了笔状建构。到 1979 年 5 月，西柏林周围共筑了水泥墙 10 千米，水泥板墙 104.5 千米，铁丝网 55 千米，以及起监视和管理作用的 253 个瞭望台、270 个警犬桩、136 个碉堡、108 千米防汽车壕。另外，这里还建了长达 123.5 千米的铁栅栏、自动射击系统和巡逻道，具有一接触即发出信号的报警作用。柏林墙同时设有 7 个过境通道，其中有一个专为盟军、外交官和外国记者使用。

1989 年，柏林墙被推倒。1990 年 10 月 3 日，东德和西德终于重新统一，联邦政府在征询广大市民的意见后，决定重建一堵具有象征意义的柏林墙。新建成的柏林墙长只有 70 米，"死亡地带"、岗亭、铁丝网等一应俱全。参观的游人可通过这堵象征性的柏林墙看到它的原始面貌。

亚琛大教堂

亚琛大教堂坐落在德国西部的亚琛。

亚琛这个地区拥有着在世界上十分罕见的、具有特殊医疗效果的温泉。查理大帝把亚琛作为第二个首都，以显示他的地位与罗马帝国皇帝是平等的，他还于公元 785 年下令建

亚琛大教堂内部

造了亚琛的宫廷礼拜堂，即遗留至今的"亚琛大教堂"。

在建造以安提奥基亚八角教堂、拉韦纳圣教堂为样板的亚琛大教堂时，工匠们将拜占庭式和法兰克式的建筑特色融于其中，从而使亚

琛大教堂成为文艺复兴加洛林王朝时期的代表性建筑。

亚琛教堂内部结构的最主要特色是采用了圆拱顶，神圣罗马帝国皇帝腓特烈一世赠送的烛台就陈列在圆顶之下。

1350年，宫廷礼拜堂的西侧又新建了一座珍存着教会宝物的塔，宝物中最著名的是圣母玛丽亚的遗物箱，传说中的基督、圣母、圣约翰的衣服碎片就装在此箱内。

查理大帝的遗体于公元814年葬在亚琛大教堂。后因弗雷德里希一世封查理大帝为圣人，这里遂成为阿尔卑斯山以北著名的朝圣地，每年都有许多朝圣者到这里朝圣。

科隆大教堂

科隆大教堂又被称为圣彼得大教堂，是德国最大的教堂，也是世界上最高、最大的教堂之一。它位于德国北莱茵—威斯特法伦州，是中世纪欧洲哥特式建筑的杰作。

科隆大教堂最早是在卡罗林格朝代建造的，当时的规模较小，其建筑形式与早期基督教时代的建筑一样，崇尚简约。后来，它因毁于一场火灾而得以重建。

整座建筑由磨光石垒砌而

德国科隆大教堂

成，占地8 000平方米，面积约六千多平方米。大教堂中央，东西长144.55米，南北宽86.25米的两座双尖塔与门墙紧靠一起。两座塔高161米，如剑锋一样直指苍穹。教堂四周建有许多小尖塔林。其内部设有众多小礼拜堂，而中央大礼拜堂的穹顶则高达43.35米。堂内整齐地排列着木制席位。大教堂四壁上开设有面积达一万多平方米的窗户，上面装饰着描绘有《圣经》人物的五彩玻璃，在阳光反射下，这些玻璃绚丽多彩，金光闪烁。教堂钟楼上安放的5座响钟中，以圣彼得钟最重，达24吨，钟声洪亮且能传播很远。游客如能在钟楼顶端眺望，莱茵河美丽的风光和科隆大教堂全貌就会一览无余。科隆大教堂里拥有许多价值连城的艺术品和文物。教堂的祭台上，在1164年

从意大利米兰送来的古代"三圣王"的遗骸和遗物，至今还在供奉着。这些文物现保存在一个被认为是中世纪金饰艺术代表作之一的金神龛内。在唱诗班回廊，还有15世纪早期科隆画派画家斯蒂芬·洛赫纳1440年为教堂所创作的壁画和雕像、福音书、法衣等文物。夜晚，在灯光的笼罩下，教堂显得灿烂夺目，美不胜收。

维尔茨堡宫

维尔茨堡宫、宫廷花园和广场均位于德国中部的维尔茨堡。

维尔茨堡宫建于1719年，呈马蹄形。建筑两侧各有一个长92米、高21米的侧楼。主建筑由4座"名誉之院"、三百多间房屋和5个大厅构成。18世纪欧洲最美丽的教堂之一——宫廷礼拜堂，坐落在南侧楼。阶梯室穹顶的壁画足有600平方米，是世界上面积最大的穹顶壁画。阶梯室采用长33米、宽18米的角形圆顶，令人惊奇的是，这个巨大的屋顶，居然没有任何支撑物。

皇室的东庭花园位于维尔茨堡宫东面，而南面则为西庭花园。东庭花园四周种着树篱；西庭花园呈长方形，左右对称。

维尔茨堡宫"内脏"是一个正方形宫廷广场，是德国仅有的几座保存完好的巴洛克式广场之一。

 小百科

魏玛是德国的小城，童话大师安徒生曾称之为"不是一座有公园的城市，而是一座有城市的公园"。魏玛风景优美，古色古香掩映在树丛中的中世纪建筑、富有田园韵味的公园、独具特色的雕像都为魏玛增添了魅力。

地理图鉴

瑞 士

瑞士
国名：瑞士联邦
首都：伯尔尼
面积：4.13 万平方千米
官方语言：德语、法语、意大利语和拉丁罗曼语

传说西欧中部一块面积不大的地方，土地资源匮乏，造物主为了弥补这一缺憾，于是赐予它雄伟的高山、清澈的湖泊。然而这一切都令游人沉醉于它的美丽而忘记归途，这就是有着"世界公园"之称的瑞士。

瑞士位于欧洲中西部，是一个内陆山国，许多国际组织都落户于此。

瑞士地势南高北低，境内多山，有"欧洲屋脊"之称。境内湖泊星罗棋布。

瑞士是举世闻名的旅游大国，被誉为"世界公园"。苏黎世、日内瓦、洛桑、伯尔尼都是以旅游而著称全球的城市。此外，瑞士是有名的"钟表王国"，钟表业的发达也极大地带动了旅游业的发展。

伯尔尼老城

伯尔尼老城位于瑞士首都伯尔尼。

兴建于1191年的伯尔尼城曾经是一座军事要塞，1339年伯尔尼脱离了德国，1353年加入瑞士联邦，1848年成为瑞士首都。在德语

中"伯尔尼"就是熊的意思，因为伯尔尼在建城的 12 世纪前曾有野熊出没，因此取名为伯尔尼，伯尔尼也有"熊城"之称。伯尔尼大部分建筑物建于 17 世纪—18 世纪。大街长 5 000 米。最具特色的是大街的钟楼，总是在标准时间前 3 分钟鸣响。

始建于 1412 年，重建于 1573 年的哥特式大教堂是市内最高的建筑物。教堂高大无比，尖塔直冲云霄。兴建于 1852 年—1857 年的"联邦宫"，即联邦议会大厦，就坐落在大教堂的不远处。绿色的圆顶表现出了文艺复兴时期的建筑特色，在一片红色的瓦顶之中显得更加醒目。伯尔尼老城的完好保存源于人们对它的尊重，后人将新的建筑建在古城之外，以便保存古城的风貌。日内瓦万国宫是瑞士日内瓦的特色建筑，宫内湖光山色。它是第二次世界大战前国联大厦所在地，现在为联合国欧洲总部即联合国驻日内瓦办事处。万国宫坐落在日内瓦东北郊的莱蒙湖畔的山丘上，与阿尔卑斯山遥遥相望。它由大会厅、图书馆、理事会厅，以及新楼组成，这四座建筑构成了一个宏伟的建筑群。大会厅位于中央，图书馆位于北侧，理事会厅则位于南侧。此外，还有阿里安纳花园，总面积达 2.5 平方千米。六层楼的大会厅能容纳一千八百多人。理事会厅富丽堂皇，墙壁和天花板都绘有西班牙艺术名家以正义、力量、法律和智慧为主题的作品。一幅浮雕壁画横贯整个天花板，象征了五大洲人民的五个巨人，手紧握在一起站在宇宙中，代表了全世界人民的团结与合作。在万国宫主楼前，有一个绿草如茵的大广场，一个巨型的青铜浑天仪屹立在中央，浑天仪上刻着代表 12 宫的雕刻，而它的旋转角度则是与地球相结合的。

瑞士老城伯尔尼风光

日内瓦

日内瓦城内设有 2 000 个国际组织和各种代表机构。近年来，每年有五六千个国际会议在这里召开，几乎每天都要召开十几个国际会议，因此，日内瓦成为会议举办者的首选之地。日内瓦湖，又称莱蒙湖、日内夫湖或利曼湖，是西

日内瓦风光

欧地区的一大名湖。湖长 72 千米、宽 8 千米，面积 580 平方千米，湖面从瑞士南段的日内瓦郊区一直延伸至法国东部，因此分属两个国家，各占湖的一半。日内瓦湖以著名的风景区与疗养胜地而闻名于世。

日内瓦湖是阿尔卑斯山区最大的湖泊，它终年不结冰，湖水幽深而清澈，平静的水面波澜不兴，只见烟霞万顷。令人惊叹的是湖中的人工喷泉，白色如练的水柱，喷向 130 米外的高空，阳光下的水柱还会成为一道迷人的彩虹。水雾随风飘逝，恰似薄纱轻舞，引人入胜。

湖畔有花钟，别墅连绵于湖畔。花木掩映，水色清明，实乃人间仙境。湖中的天鹅和水禽自由嬉戏，游艇和彩帆游弋其间。白鸽宁静而祥和地徜徉在湖畔。湖中不时还会有举办音乐会或舞会的游船，悠扬的乐声与波声组成的交响曲令人心醉神驰。湖中心处架有勃朗峰桥，沿湖则分布着珍珠公园、植物园、英国公园等各具特色的园地。

日内瓦湖喷泉

苏黎世

瑞士第一大城苏黎世，是苏黎世州首府及全国工商业中心。它位于阿尔卑斯山北部，苏黎世湖西北端和利马特河通苏黎世湖的河口处。

苏黎世的历史可以追溯到两千多年前，其诞生的标志是公元前 15 年罗马人在此处设立的关卡，现在这个关卡的遗迹仍保留在利马特河左岸的菩提园内。苏黎世于 1218 年建城邦，于 1336 年实现自治，最后于 1351 年加入了瑞士联邦。

苏黎世城内随处可见的是中世纪时期的教堂塔尖、喷泉、古堡。而利马特河两岸分布有罗马大教堂、市政府、修女院和许多现代化住宅、旅店、饭店等。

从"地下街"出来往南走，便是著名的班霍夫大街，它与西尔波特大街、交易所大街组成了苏黎世的商业区。班霍夫大街的尽头便是苏黎世湖畔，只要搭乘游轮，就可饱览苏黎世的湖光山色。苏黎世湖是一个半月形的湖泊，从东南一直延伸到西北 40 千米处，湖中最深处有一百四十多米。湖侧绵延着白雪皑皑的阿尔卑斯群山，湖畔的缓坡上，住宅和别墅点缀在葱郁的葡萄园、果树园和森林之间。堤坝横亘在拉珀斯维尔和胡尔顿之间，并将湖水截断。站在湖边，放眼望去，蓝天映碧水，白云衬银帆，雪冕冰冠的阿尔卑斯山峰峦起伏，美不胜收。瞬息万变的天气则是苏黎世的又一奇特之处，晴空万里时，忽然会乌云密布，片刻便是大雨倾盆，但不到 3 分钟，又是艳阳高照。如此独特的天气，对这座美丽的城市而言，无异于锦上添花。

 小百科

伯尔尼这一名称是从德文"熊"字演绎而来，德语中"熊"一词发音是"拜尔"，后渐变为"伯尔尼"。就这样，"熊"成为伯尔尼的城徽，进而变为伯尔尼州的标志。伯尔尼人对熊偏爱有加，因此伯尔尼也被称为"熊城"。

地理图鉴

挪 威

挪威

国名：挪威王国

首都：奥斯陆

面积：38.52 万平方千米

官方语言：挪威语

挪威是世界上保留原始峡湾风光最多的国家，也是北欧最重要的国家之一。挪威资源众多，石油和天然气储量惊人，可利用的森林和水力资源也极为丰富。

挪威王国位于北欧斯堪的纳维亚半岛西部，东邻瑞典，东北与芬兰和俄罗斯接壤，南同丹麦隔海相望，西濒挪威海。斯堪的纳维亚山脉纵贯全境，高原、山地、冰川约占全境 2/3 以上，南部小丘、湖泊、沼泽广布。该国大部分地区属温带海洋性气候。挪威地理位置偏北，其最南端比中国最北端还要偏北。北极圈横穿挪威北部，北部一些城市到了六七月份就会出现极昼现象，可以看到午夜的太阳以及美丽的北极光。挪威最北端的北角也是欧洲大陆的最北点。

⬛ 奥斯陆

奥斯陆是挪威的政治、金融、商业和工业中心，它的造船业在世界造船业中占有突出地位，堪称"海洋之都"。岛上有著名的海盗船博物馆和民俗博物馆。民俗博物馆是世界上最早的露天博物馆，这里集中展示了整个挪威的民风民情。民俗博物馆边的海盗博物馆是斯堪的纳维亚国家中最受欢迎的海盗文化宝库之一。展品均

是从奥斯陆峡湾地区的维京人墓穴中发现的，其中最为壮观的是两艘世界上保护得最好的建于公元9世纪的木制海盗船。博物馆中还展示了许多维京人的用品，包括马车、炊具等。游人可根据它们遥想"海盗岁月"。

四大峡湾

盖朗厄尔峡湾位于挪威西南岸的卑尔根北部，是挪威峡湾中最为美丽、神秘的一处。峡湾全长16千米，两岸耸立着海拔1 500米以上的群山。盖朗厄尔峡湾以瀑布众多而著称，有许多瀑布沿着陡峭的岩壁泻入该峡湾，如"新郎的面纱"和"七姊妹"等。

松恩峡湾是挪威最大的峡湾，也是世界上最长、最深的峡湾，全长达240千米，最深处达1 308米。两岸山高谷深，谷底山坡陡峭，垂直向上，直到海拔1 500米的峰顶。松恩峡湾其实是一个峡湾主干，它还附有许多小峡湾，其中最著名的纳勒尔峡湾是世界上最狭窄的峡湾，最窄处仅250米。

哈当厄尔峡湾全长179千米，是四大峡湾中最为平缓的一处，拥有田园般的风景。峡湾两岸山坡的果树鲜花盛开，缤纷烂漫。哈当厄尔峡湾尽头是著名的休闲胜地——乌托内和洛夫特胡斯的乌伦斯旺地区。哈当厄尔峡湾沿线也有许多壮观的瀑布，还有哈当厄尔高原国家公园，以及挪威第三大规模的弗格丰纳冰河等景观。

吕瑟峡湾位于挪威南部，全长42千米。吕瑟峡湾的入口是挪威

挪威峡湾风光

西海岸的斯塔万格。河水在突兀的峭壁和巍峨的群山之间蜿蜒流淌，两岸巨岩兀立，站在巨岩之上，感觉自己犹如飘浮在空中，能强烈地感受到大自然的活力。

小百科

　　罗弗敦在挪威语中是"山猫脚"的意思，同时也暗指其领海拔地而起的一系列险峻的岛屿——"罗弗敦之墙"。这堵"罗弗敦之墙"在挪威北部与挪威海之间形成了一道长达 160 千米的屏障。

世界国家地理图鉴

SHIJIE GUOJIA DILI TUJIAN

亚　洲

地理图鉴

日 本

日本
国名：日本国
首都：东京
面积：37.78 万平方千米
官方语言：日语

日本是一个风光秀丽的岛国，有世界闻名的樱花，浪漫而多情；有盛名远播的富士山，如玉扇倒悬；有名扬天下的法隆寺，古老而庄严。这些自然风光和名胜古迹吸引了世界各国的游人。

日本位于亚洲东部的太平洋，包括本州、九州、四国、北海道 4 个大岛及三千九百多个小岛，是一个名副其实的岛国。

日本有着曲折狭长的海岸线，港湾众多。山地面积约占全国总面积的 76%。全国最高峰富士山海拔 3 776 米。气候湿润，属温带海洋性季风气候。

日本多樱花，有三百多个品种，因而被誉为"樱花之国"；境内还多火山和地震，又被称为"火山地震之邦"。

日本旅游资源极其丰富，绚丽多姿的自然风光、具有东方特色的名胜古迹、先进发达的现代化国际都市，以及完善的旅游服务设施，使日本成为举世闻名的旅游大国。

东京

东京是日本的首都，全称东京都。这里是日本的政治、经济、文

化中心，是日本的海、陆、空交通枢纽，也是现代化国际都市和世界著名旅游城市之一。

东京位于本州岛关东平原南端，其东南濒临东京湾，连通太平洋。东京有许多名胜古迹和著名的国际活动场所。市中心是银行最集中的地方，游乐场所也特别多，银座商业区因汇总了世界百货而闻名，这些地区是繁华东京的缩影。东京还是日本最大的工业城市，全国主要的公司都集中于此。资本在 50 亿日元以上的公司 90% 都集中在东京，全国各大银行的总行或主要分行都设在东京，东京的千代区和中央区分别设有闻名于世界的日本银行和

日本浮世绘作品——喜多川歌麿绘的《宽政三美人》

活跃于世界股票市场的东京证券交易所。

在东京的街头巷尾，到处可见神社寺院，就连著名的商业区银座，也有大大小小很多座神社，供奉着维持商业繁荣的守护神。1979 年 3 月 14 日，东京和北京市结为友好城市。

富士山

富士山位于本州中南部，横跨山梨、静冈两县，在东京以西约八十千米处。富士山海拔 3 776 米，是日本第一高峰，面积为 90.76 平方千米。它在日本少数民族阿伊努族的语言中意思是"火之山"或"火神"。日本人民将之誉为"圣岳"，它是日本民族的象征。

富士山约形成于 1 万年前，是座年轻的火山。自公元 781 年有文字记载以来，火山共喷发了 18 次，最后一次喷发是在 1707 年，此后变成休眠火山。山麓处有火山口喷发时形成的无数形态各异的山洞。山顶上有两个火山口，大小不一，较大的火山口湖有 200 米深，直径八百米左右。

富士山山峰很高，直入云霄。山体呈圆锥状，山顶终年积雪。日本诗人曾用"玉扇倒悬东海天""富士白雪映朝阳"来描绘富士山的美。富士山周围有"富士八峰"，它们分别是剑峰、白山岳、久须志

岳、朝日岳、伊豆岳、势至岳、驹岳和三岛岳。

富士山西南麓有著名的白系瀑布和音止瀑布。南麓是一片辽阔的牧场，这里绿草如茵，牛羊成群，是天然的观光胜地。在静冈县裾野市的富士山麓，开辟了面积为 74 万平方米的富士游猎公园，里面的野生动物共计有 40 种，约一千多头。

富士山下有河口湖、山中湖、精进湖、西湖和本栖湖，位于富士山北麓处，称为富士五湖。面积最大的湖是山中湖，面积为 6.75 平方千米。忍野村位于湖东南，在那有涌池、镜池等 8 个池塘，被称为"忍野八海"，它们连通着山中湖。西湖岸边也有许多风景区，如红叶台、青本原树海、足和田山、鸣泽冰穴等。五湖中交通最为方便的是河口湖，湖中有鹈岛，这是五湖中仅有的一个岛，河口湖中会倒映出富士山的影像，这是著名的富士山奇景之一。

此外，富士山区还设有各种游艺和体育场所，有幻想旅行馆、昆虫博物馆、奇石博物馆、自然科学厅、富士博物馆、植物园、大型科学馆、野鸟园和群猴公园等供游人游览观赏。

小百科

和服是日本传统的民族服装，也称"着物"，是仿照中国隋唐服式改制而成。如今，日本男人除了一些从事特殊职业的人穿和服外，大多数人作为便服在家穿着；女子也只在社交场合及婚庆、纪念仪式上才会穿和服。

地理图鉴

韩 国

韩国
国名：大韩民国
首都：首尔
面积：9.92 万平方千米
官方语言：朝鲜语

韩国是一个经济发达的国家，其境内名胜古迹众多，尤其是高丽王朝的古文物，具有很高的历史文化研究价值。一些寺庙和宫殿都有中国古建筑的遗风。

韩国位于亚洲东部朝鲜半岛上。

境内东部主要是丘陵和山地，平原则主要分布在沿海和西部地区，多处于温带季风气候带。

韩国境内有很多名胜古迹，20 世纪 80 年代，韩国政府"旅游立

朝鲜王宫

国"方针的制定，使国家的旅游市场迅速地发展起来。根据境内的名胜古迹的特点和观赏价值，韩国开辟出了国立公园 15 个、地方公园20 个、大众公园 17 个、游园地 19 个，吸引了众多国内外游客。

首尔

韩国首都首尔是韩国政治、经济、文化和教育的中心，也是全国陆、海、空交通枢纽。位于朝鲜半岛中部，地处盆地，汉江迂回穿城而过。首尔属于温带大陆性气候，四季分明，春、秋季节少雨，气候温和；夏季受季风影响，高温多雨；冬季比同纬度的其他城市都要寒冷。首尔全市被海拔五百米左右的山和丘陵所环绕，市区的 40% 是山地和河流。整座城市北部地势较高，北汉山、道峰山、鹰峰构成了一道天然屏障。东北部有水落山、龙马峰，南部有官岳山、三圣山、牛眠山等，东南部和西部是百米左右的丘陵，形成了首尔的外廓。城市的西南部为金浦平原。城市的中部由北岳山、仁旺山、鞍山等环绕成内廓，中间形成盆地。

2004 年，时任汉城市市长的李明博提出把"汉城市"的中文译名改为"首尔"。随后 2005 年 1 月，韩国政府通过决议，决定"汉城"一词不再使用，而改称"首尔"。首尔地势险要，是韩国重要的军事要塞和物资集散地、陆运交通枢纽，国际航空中转站、韩国政府机关及金融、企业、文教事业和宣传机构等均云集于此。

宗庙

位于首尔市中心区的宗庙，坐落在韩国总统府青瓦台的东面，是一组花园式建筑。韩国的宗庙制度起源于中国，中国周朝时就设立了七代祖宗灵位的七庙制，明朝实行九庙制。朝鲜李氏王朝的宗庙是七庙制，宗庙的西侧有祭祀国土神的圣祠、祭祀五谷神的祭坛，与中国周朝京城"左庙右祠"的布局相似。

1421 年，国王世宗修建了安放太祖之前四代祖先牌位的永宁殿。1592 年，正殿和

扩建后的永宁殿风采依旧

永宁殿在战乱中被烧毁，至 1608 年重建。到了 1836 年，经过多次扩建后的正殿和永宁殿基本形成了今天的规模。

宗庙两座最主要的建筑是正殿和永宗殿。宗庙还设有国王准备祭祀仪式的斋室、安放有 83 位朝鲜王朝开国功臣的牌位和功臣堂，此外还有典祀厅、乐工堂和香大厅。南神门是宗庙的正门。过了南神门，即是巨大的石铺月台。月台上是宗庙的主殿，正殿宽一百米左右，占地 2270 平方米。正殿两侧是翼室，中央部分是太室。朝鲜王朝 19 位国君和他们王后的牌位被供奉在太室的 19 个神龛之中。

宗庙是进行祭祀活动的祠堂。在朝鲜王朝时期，这种祭祀是按照儒教形式进行的，与社稷坛的祭祀同等重要，是国家最高规格的祭礼。国王、太子及文武百官均参加这个重要仪式。现在每年 5 月的第一个星期日，宗庙还会举行古代传统的祭祀仪式。仪式上有乐曲演奏和舞蹈等表演。

小百科

朝鲜族人民能歌善舞，古代的鹤舞、顶水舞及长鼓舞都流传至今。朝鲜族人民讲究仪表，酷爱白色服饰，喜食各种米面做成的打糕、拌饭等食品，不仅品种多，食具摆设也很讲究。朝鲜妇女擅长腌制各式泡菜。

地理图鉴

泰 国

泰国
国名：泰王国
首都：曼谷
面积：51. 31 万平方千米
官方语言：泰语

泰国是一个信奉佛教的国家，因此有"黄袍佛国"之称。泰国国内佛教建筑众多，又有"千佛之国"的称誉。泰国不仅古迹众多，自然风光也非常吸引人，宛如仙境的考兰岛更是让人流连忘返。

泰国位于中南半岛中部，有"千佛之国""白象之国""黄袍佛国"等美誉。

这个亚洲最具异样风情的国家大部分地区属热带季风气候。低缓的高原和山地遍布泰国境内，其海拔 2 576 米的英坦昂峰为全国最高峰。

泰国名胜古迹众多，自然风光旖旎，夜生活丰富多彩。由于政府充分利用了这些条件，所以泰国的旅游业发展非常迅速，现已成为世界旅游大国之一。

曼谷

曼谷是泰国首都，东南亚第二大城市，同时也是泰国的主要港口和政治、经济、文化中心，被誉为"佛教之都"。泰国人称曼谷为"军贴"，意思是"天使之城"。曼谷位于湄南河三角洲，湄南河纵贯南北，将曼谷一分为二，最后汇入泰国湾。整个曼谷的建设以大王宫

为中心向外扩散，第一圈是寺庙和官方建筑，第二圈是商业圈，第三圈是住宅区，最外面是贫民区，王宫和佛寺大多建在湄南河圈。曼谷是世界上佛寺最多的地方，有大小共四百多个佛教寺院。在曼谷众多的寺院中，玉佛寺、卧佛寺、金佛寺最为著名，被称为泰国三大国宝。市内河道纵横，货运频繁，有"东方威尼斯"之称。曼谷港是泰国及世界著名稻米输出港之一。

大城历史名城及有关城镇

大城历史名城及有关城镇位于首都曼谷以北约七十五千米的地方，属于泰国大城府。大城王朝于 1350 年在此建都，那拉因国王统治时期，面积虽仅 5 平方千米的大城，却有 3 座王宫、375 座寺院、29 座要塞，94 座市门。

邦巴因行宫是大城众多名胜古迹之最，位于大城南方 30 千米的地方。它始建于拉玛四世时期，到 1896 年拉玛五世时竣工，号为夏宫。因宫殿坐落在湄南河中的一座小岛上，故又得名"湄南河上的明珠"。除主殿外，还有一座郑王纪念宫和碉堡式的暹罗塔。

大城有许多寺院，其中马哈他托寺院创建于 1374 年，是大城王朝最早的建筑，并且一度成为都城的中心寺院。如今的拉加布拉纳寺院，居然存有少量大城王朝时期的文物，这是极为罕见的。

作为大城最宏伟的一座寺院——帕希讪派寺修建于 15 世纪末拉玛地博地二世时期，就建在王宫内。东塔安放着拉玛地博地二世父亲的遗骨，中央塔安放着他哥哥的遗骨，西塔安放着他自己的遗骨。五百多年过去了，三座塔仍然保持原样。

小百科

湄南河是泰国第一大河，还是泰国的"皇河"。这是因为湄南河流经泰国历史上两个王朝的首都和现在的首都——曼谷。而在泰语中湄南河的意思是"河流之母"，湄南河养育了一代又一代的泰国人民。

地理图鉴

新 加 坡

新加坡
国名：新加坡共和国
首都：新加坡
面积：399 平方千米
官方语言：英语、汉语等

美丽的新加坡享有"花园城市"的美誉，是世界上最美丽的城市之一，其城市的象征——狮头鱼尾塑像来源于一个美丽的传说。新加坡因自然风光优美而成为著名的旅游城市。

新加坡包括马来半岛南端的新加坡岛及周围众小岛，扼印度洋与太平洋的咽喉。

新加坡的海岸线长 140 千米，有海堤与马来半岛相连。由于接近赤道，常年高温多雨。

新加坡境内的名胜古迹、名山大川虽然并不多，但政府还是利用国家优越的地理位置及相对发达的经济条件对旅游设施进行不断完善，使之成为一个旅游胜地。

狮头鱼尾公园

建于 1972 年的狮头鱼尾公园坐落在新加坡河口左岸。园内的建筑物主要是一座狮头鱼尾塑像，是这一海港城市的象征。据说 1150 年前后，苏门答腊室利佛逝王国曾将淡马锡归入王国版图，以扩张自己的势力。一天，王子圣尼罗优多摩出海途径此岛，一只胸长白毛、

黑头红身的怪兽从他们面前飞驰而过，王子惊问随从是何种动物，侍从随口回答说是"狮子"，王子听后很高兴，认为这里是块吉祥之地，于是便在这个岛上创建城市作为自己的王朝所在地，并命名为新加坡。在马来文中新加坡就是狮子城的意思。1964 年，新加坡雕塑家林浪新根据传说设计了一座狮头鱼尾雕塑。雕塑狮头鱼身，鱼尾翻卷，仿佛刚从河中跃起，整个雕塑浑然一体。塑像于 1972 年雕成，高 8 米，由乳白色大理石制成，2 000 块中国湖南瓷片镶成底座，呈海的波浪状，高出水平面 4 米～5 米。新加坡远古时是座海洋城市也可从鱼身上得以说明，整座雕塑颇为壮观，技艺精湛。这座雕像完成后便作为新加坡的标志供游人参观欣赏。每年的 5 月 26 日～6 月 3 日，为狮头鱼尾周，许多艺人在此献艺。在新加坡河上还有龙舟大赛，非常热闹。

圣淘沙岛

位于新加坡南部的岛屿——圣淘沙，是闻名于世的一大旅游胜地。岛屿距新加坡岛约 0.5 千米。它位于当岌巴港南岸，面积 3.47 平方千米，是新加坡本岛以外的第三大岛。"圣淘沙"在马来语中的意思是"宁静的岛屿"，这里景色非常优美，与《圣经》中描绘的伊

圣淘沙岛上的石雕

甸园颇为相似。

距海边 1.2 千米处有一座珊瑚馆，馆中耸立着一座高 18.3 米的圆形珊瑚塔。塔下有 4 个池子，池中生活着珊瑚、海星、海绵、海葵、海胆、海参、七彩海底热带鱼等海中动物，种类繁多，充满生机。除珊瑚馆外，岛上还建有一个长 1.2 千米，宽 137 米的人工湖，还可在湖中游泳。岛上的海底世界是亚洲最大的水族馆。通过海底隧道，游人可以观赏到数千种鱼类活动和海洋的生态环境，仿佛置身于海洋中一样。

岛西端有 1880 年创建的西洛索堡，占地 40 000 平方米。堡内至今仍保存着 500 年前的古炮。海事展览馆与西洛索堡离得很近，由"新加坡港""早期船舶"和"渔业"三个馆组成，从这里可以了解到新加坡港务局的概况，以及船只的演变过程。还可看到各种捕鱼工具和早期战舰模型等。

建于 1973 年—1975 年的受降厅蜡人馆已从市区迁至圣淘沙岛，馆中央放置着 27 个形象逼真，宛若真人的蜡像。这些蜡像重现了新加坡在第二次世界大战中的两个历史镜头，其中一个镜头就是 1942 年 9 月日本侵略军司令向盟军代表投降的情景。

奇石馆是当今世界上唯一一座石头博物馆。岛上还有昆虫博物馆，里面陈列着四千多种蝴蝶和昆虫的标本。

溜冰场、高尔夫球场、人工湖、游泳池、度假营、儿童乐园等多处游乐场所也是此岛不可或缺的组成部分。

🔍 小百科

业街也称"乌节路"，是新加坡著名的购物中心，也是世界知名的休闲娱乐中心。业街上高楼林立，以世界城和义安城购物中心最为著名。每年 5 月~7 月，业街都会举行新加坡热卖会。

地理图鉴

印度尼西亚

印度尼西亚
国名：印度尼西亚共和国
首都：雅加达
面积：190.44 万平方千米
官方语言：印度尼西亚语

印度尼西亚有很多别称，像
"千岛之国""火山之国"。国内最
为著名的佛教建筑婆罗浮屠是闻名
世界的古迹，国内其他名胜也是世
界闻名，如巴厘岛，像梦中的天堂
一样，美得令人窒息。

印度尼西亚位于亚洲的东南部，赤道从其领土上穿过。印度尼西
亚由 17 508 个大小岛屿组成，是世界上最大的群岛国家，素有"千岛
之国"的美誉。

印度尼西亚有长达 3 500 千米的海岸线。国内各岛多丘陵和山地，
有珊瑚和浅海环绕四周。全国有几百座火山，因此又被称为"火山之
国"。伊里安岛上的查亚峰为全国最高峰。

雅加达

印度尼西亚首都雅加达是东南亚第一大城市，也是世界著名的海
港。它位于爪哇岛西部北岸，在芝里翁河口，濒临雅加达湾，是一座
历史悠久的名城。几百年前，它就已经是输出胡椒和香料的著名海
港，当时的雅加达被西方世界称为"东方的威尼斯"。今天的雅加达，
已经成为印度尼西亚的政治、经济、文化中心和海、陆、空交通枢

纽，是太平洋与印度洋之间的交通咽喉，也是亚洲通往大洋洲的重要桥梁。国内外许多船只都把雅加达作为一个停靠站，在这里补给维修。雅加达郊区的国际机场是世界上最大的国际航空站之一。市内的最高建筑——独立纪念碑，是雅加达的象征。这座由苏加诺总统所建的大理石碑高137米，其顶端有一个用35千克纯黄金打造的火炬雕塑，象征着印尼的独立精神。碑身上的浮雕，反映出印度尼西亚人民反抗荷兰殖民统治的英勇事迹。

普兰巴南的寺庙群

普兰巴南寺庙

坐落在印度尼西亚爪哇岛中部的普兰巴南的寺庙群位于首都雅加达东南约四百二十千米处。

神庙是一座石头建筑，呈尖塔形，高耸入云，由大小不等的塔形神庙组成。寺庙群的主庙是拉腊·琼河格兰，其名字来源于附近居民对庙中女神难近母（湿婆之妻）大型雕像的称呼，意为窈窕少女。相传神庙由信仰印度教的玛拉兰王朝国王达刹于10世纪初建立，后曾有损毁，1953年重建，用来祭祀作为印度教主神之一的湿婆。现存神庙高47米，呈方形。四周建有四座大门，四座巨大的石刻神像置于庙内正中央的地方。墙上还有许多刻着以《罗摩衍那》和《摩诃婆罗多》故事为内容的浮雕，雕工精致，形象生动。

小百科

爪哇岛是印度尼西亚的政治、经济、文化最发达的地方。它位于苏门答腊岛与巴厘岛之间，东西长约九百七十千米，南北最宽处达160千米，呈狭长形，面积12.6万平方千米。其主要城市有雅加达、泗水、万隆等。

地理图鉴

印 度

印度
国名：印度共和国
首都：新德里
面积：约 298 万平方千米
官方语言：印地语、英语

印度是一个有着几千年文明的国家，也是四大文明古国之一。印度的名胜古迹数不胜数，其中最为著名的是泰姬陵，它被人们誉为"永恒的一滴泪"。

印度位于南亚次大陆的印度半岛上。印度北部为高山地区，中部为平原，西部主要是印度沙漠，南部则是高原。全国大部分地区属热带季风气候，还有山地、沙漠、亚热带草原和热带雨林气候。

印度妇女的额头点有吉祥痣，表喜庆、吉祥之意，这是印度特有的民族风俗。因印度的电影业相当发达，该国素有"电影王国"的美誉。

新德里

新德里是印度共和国的首都，也是全国政治、经济和文化中心。恒河支流亚穆纳河从城东缓缓流过，河对岸是广阔的恒河平原。新德里是一座既古老又年轻的城市。作为德里中央直辖区，它既包括饱经沧桑的旧德里又包括中央政府所在地的新德里。新德里和旧德里中间隔着一座印度门，并以著名的拉姆利拉广场为界，广场以南为新德里，广场以北为旧德里。这里是印度的政治、经济、文化中心，也是

新德里风光

重要的交通枢纽。新德里是印度的心脏，在这里可以感受到整个国家运作的脉搏。同时，它又是一面镜子，既可以看到印度辉煌的历史，也可反映出印度现代的身影。旧德里、新德里紧紧相连，古老与现代交相辉映，组成了一幅引人入胜的历史画卷。如果说旧德里展现了印度悠久的历史和灿烂的古文化，新德里则折射出印度近代摆脱贫困、独立前进的影子。新德里是一座身披绿装的花园城市，街道宽阔整齐，到处是花坛草地，它与世界上一些著名都市相比毫不逊色。

泰姬陵

泰姬陵位于阿格拉近郊亚穆纳河畔南岸，华丽壮观，气势磅礴，被誉为七大建筑奇迹之一。泰姬陵是由莫卧儿王朝第五代皇帝沙贾汗修造的一座陵墓，用以怀念其妻子阿柔曼·巴纽皇后，后人将皇后原名蒙泰

优雅圣洁的著名世界
遗产——泰姬陵

姬·玛哈尔误称为泰姬·玛哈尔，陵墓由此而得名，"泰姬·玛哈尔陵"即"泰姬陵"。

多情美貌的蒙泰姬深得沙贾汗的宠爱，她在一次出巡途中因难产而去世，临终前，她请求沙贾汗为她兴建这座陵墓，沙贾汗答应了她，并于1632年开始动工兴建。陵墓历时22年，共耗费四千多万卢比才完成。

在占地17万平方米的整座陵墓上，正中央是陵寝。在陵寝东西两侧各建有式样相同的清真寺和答辩厅，两座建筑对称均衡，左右呼应。陵墓四方各有一座尖塔，高40米，内有50层阶梯，是专供穆斯林阿訇拾级登高用的。

一条红石铺成的甬道连接大门与陵墓，甬道两边是人行道，道间修有一个"十"字形喷泉水池。

陵墓的基座为一座正方形大理石，高7米，长、宽各为95米。位于陵墓正中的寝宫四角各有一座塔身稍外倾的圆塔。寝宫上部为一座穹顶，高耸饱满，下部为陵壁，呈八角形，总高74米。寝宫内有一扇由中国巧匠雕刻的极为精美的门扉窗棂。寝宫共分五间宫室，宫墙上有构思奇巧、用珠宝镶成的繁花佳卉，使宫室更为光彩照人。陵墓内部的中央八角形大厅是其中心，浅浮雕和精美的宝石遍布于墙上。中心线上安放着泰姬的墓碑，而国王沙贾汗的墓碑则立于其旁边。墓门由一块镶嵌宝石的大理石制成，石棺则存放在下面的地窟里。

整座陵墓由纯白大理石砌成。随着一日之中清晨、正午和傍晚三个时段阳光不同角度的照射，陵墓呈现出变化莫测的色彩，在花好月圆之夜景色尤为迷人。

泰姬陵的构思和布局充分体现了伊斯兰建筑艺术庄严肃穆、气势宏伟的特点，整个建筑富于科学性，又是一个完美无缺的艺术珍品。

小百科

耸立在德里城东南的大铁柱，是一个冶金技术的奇迹，铁柱高7.1米，重60吨，铁柱裸露在荒野中，距今已有1 500年的历史，任凭风吹雨淋，从不生锈。经化验证明，它的成分中含有碳、硅、磷等。

地理图鉴

斯里兰卡

斯里兰卡
国名：斯里兰卡民主社会主义共和国
首都：科伦坡
面积：6.56 万平方千米
官方语言：僧伽罗语

有 "印度洋上的珍珠" 之誉的斯里兰卡风光秀丽，景色迷人。斯里兰卡人深受佛教文化的影响，佛寺、佛塔遍布，还有许多佛教圣地，流传着许多佛教传说。

斯里兰卡是个岛国，位于印度半岛南面的印度洋上。斯里兰卡境内中、南部为山地和高原，北部为平原。斯里兰卡属热带气候。

斯里兰卡风光旖旎，被誉为"印度洋上的珍珠"。游客在这里不仅可以欣赏到千姿百态的自然风光、多姿多彩的民俗风情，还可以领略到斯里兰卡人民创造的璀璨的传统文化。

阿努拉德普勒古迹

阿努拉德普勒

阿努拉德普勒位于斯里兰卡中北部的阿鲁维河畔，距首都科伦坡东北约二百零五千米。

该城于公元前 5 世纪开始兴建，从公元前 3 世纪—10 世纪，即从陀迦阿巴耶王开创的阿努拉德普勒王朝到摩哂陀五世这一段时期，这里

一直被当作斯里兰卡国都。据史书记载，孔雀王朝阿育王之子——印度高僧摩哂陀曾于两千多年前携佛经渡海来到这里。他是最早在此处传播佛教的人，开创了斯里兰卡的佛教历史，并使这里逐渐成为佛教圣地。14世纪时，这里还曾是东南亚很多地区的佛教中心。

　　佛塔如林、金顶蔽日的阿努拉德普勒面积达40平方千米，后被入侵的外敌所毁，逐渐成为废墟。19世纪，这里又被发掘、重建，逐渐成为佛教朝拜中心及游览胜地。

　　伯拉贞宫遗址位于阿努拉德普勒古城的中心，它是一座九层高的气势宏伟的宫殿，其中有900个房间可供僧侣修行居住。殿内有1 600根石柱支撑的40个同心圆，上面覆以一个巨大的铜瓦圆顶，因此宫殿亦被称为"铜宫"。

　　现在的伯拉贞宫遗址只能看到基址和林立的石柱。在伯拉贞宫遗址的门前有一棵菩提树，传说是印度早期的帝王阿索卡的女儿移植到这里的，这棵树高耸入云，至今已有两千余年的历史，是世界上最古老的菩提树。

　　古城区内的大部分佛塔都是以白色作为圆顶的基色，最大的是祇陀林佛塔。该塔建于公元4世纪，塔基直径约一百一十二米，塔高约一百零七米。虽然现在已残缺不全，但高度仍有七十余米，是斯里兰卡最大的佛塔。

　　阿努拉德普勒城北建有一座阿巴耶祇利寺。现在寺庙中有4座佛塔，寺内雕满了各式图案的石柱，造型优美生动。

圣城康提

　　位于斯里兰卡中央省的圣城康提距首都科伦坡东北120千米。康提是斯里兰卡的第二大城市和著名古都，1480年康提开始成为康提王国的首府，相传当年佛祖释迦牟尼曾到过这里传教，因而此地成为著名的佛教圣地。

　　佛牙寺又称"达拉达·马利戛瓦"。该寺位于市场预测中心的康提湖畔，始建于15世纪。寺的规模宏大，建于6米高的台基上，分上下两层。佛祖的一颗牙齿被奉在第二层的内殿里，在公元311年传到斯里兰卡的这颗牙齿被珍藏在镶珠饰宝的金制的七层金塔里。佛牙寺四周，还分布着纳特庙、摩诃庙、卡多罗多摩庙等富丽堂皇的建筑，这些建筑都是用来保护佛牙的。

　　佛牙寺后面原是维克勒马·拉贾辛哈的王宫，但现已被命名为康提博物馆。康提王朝的古物，如 17 世纪的康提王冠等就被收藏、陈列在其中。世界闻名的佩拉德尼亚王朝植物园则位于城西南 6 千米处。

　　城市中部有一个人工开凿的湖，即康提湖。康提湖开凿于 1806 年，为最后一位康提王维克勒马·拉贾辛哈下令开凿的。湖面似一个长方形的镜子，山景倒映其中，湖上风光如画。

　　每年 8 月，康提湖都要举行一次盛大的、长达 10 天的纪念活动。佛牙寺内饲养的一头驮着佛牙宝塔的圣象与披红挂彩的象群一起四处游行，而围在周围的人则在游行过程中跟着击鼓、舞蹈，人们乐在其中。

🔍 小百科

　　科伦坡是斯里兰卡的首都，是全国最大的城市，也是全国的政治、经济、文化中心。它位于斯里兰卡岛西南岸，是印度洋上东西航运的必经之地，素有"东方十字路口"之称，并以人工港湾著称。

地理图鉴

巴基斯坦

巴基斯坦
国名：巴基斯坦伊斯兰共和国
首都：伊斯兰堡
面积：79.61 万平方千米
官方语言：英语

巴基斯坦的大多数居民都信奉伊斯兰教，因此国内清真寺比较多。巴基斯坦有两处举世闻名的古代文化遗产，就是位于拉合尔城的拉合尔古堡和夏利玛尔花园。

巴基斯坦位于南亚次大陆的西北部，国土面积非常广阔。

巴基斯坦的东南部为印度河平原，北部和西北部地形都是以高原和山地为主，占国土面积的60%。

巴基斯坦被誉为"清真之国"，绝大多数人信仰伊斯兰教，他们遵循严格的穆斯林传统。巴基斯坦是南亚伊斯兰教最盛行的国家之一。

悠久的历史、浓郁的传统文化，以及独具特色的自然景观，使该国的旅游业具有得天独厚的条件。巴基斯坦的风景名胜众多，有景色秀丽的吉尔吉特小镇、哈拉帕遗址等。

伊斯兰堡

伊斯兰堡是巴基斯坦的首都，也是全国的政治中心。伊斯兰堡地处内陆，背依高峻的喜马拉雅山，面向宽阔的印度河大平原，东侧是秀丽的拉瓦尔湖，西侧是一片开阔的河谷地带。这里群山起伏，湖水

伊斯兰堡风光

清澈，是一个山清水秀的地方。伊斯兰堡城市交通发达，有重要的公路干线通向四面八方。伊斯兰堡是世界上年轻都市之一，同时又是一座美丽且富有特色的现代化城市。1992年10月伊斯兰堡与北京结为友好城市。茉莉花是巴基斯坦的国花，象征着美丽和纯洁。夏克巴利山顶公园是全市最著名的游览胜地，公园里树木葱茏，百花争艳。山顶上有一块专门供来访的外国政府首脑植树留念的园地。现在这里已经种了几十棵树，郁郁葱葱的树林，记载着巴基斯坦的对外关系史。1964年，周恩来总理也曾在这里栽下了象征中巴友谊的乌桕树，它是这块园地上种下的第一棵树，现在，这棵树已经枝繁叶茂。

塔克西拉考古遗址

塔克西拉也叫塔克哈西拉，意为"石雕之城"，位于巴基斯坦首都伊斯兰堡以西二十多千米处。印度史诗《摩诃婆罗多》和佛教典籍《本生经》等经书中都有对该地的记录。人们还将其简称为塔克西拉。

中国晋代高僧法显曾于公元405年来过此地，并先后在这里与帕塔利桑特拉研究了六年佛学。曾到过这里的中国高僧还有唐代的玄奘，玄奘的讲经台和他居住过的房屋遗址至今还在城里保存着。当时的塔克西拉被玄奘描述为"地称沃壤，稼穑殷盛，泉流多，花果茂。气序和畅，风俗轻勇，崇敬三宝"。

塔克西拉城内保存有很多古老的佛教建筑，其中有一座巨大的佛塔，极具特色。塔的四周建有四座寺庙，独具犍陀罗佛教艺术风格。庙宇和佛塔上遍布着大量的人物浮雕，附近的一座小山上，有一座三个穹顶的清真寺和中世纪的碉堡等建筑被保存下来。城郊的穆赫拉穆拉杜和贾乌利安里，至今还留存着几尊石刻大佛，这些佛像已有1 000年的历史，佛像雕刻精细，神态生动，是不可多得的宗教艺术精品。

塔赫特巴希佛教遗址

塔赫特巴希佛教遗址位于巴基斯坦北部的西北边境，距首都伊斯兰堡西北约一百五十千米处，地处古"丝绸之路"的交通要道。公元1世纪—5世纪，这里曾是繁荣的佛教圣地，后因战争遭到毁坏。

塔赫特巴希寺院坐落在平原的一块高地上，突兀孤立。后来，寺院于20世纪被偶然发现，当时，遗址的大部分仍保存完好。经研究发现，这座佛教寺院建于公元2世纪，由对美术很有鉴赏力的迦腻色迦王兴建，这里还有35座小佛塔均由虔诚的教徒捐献。

如今，再也找不到绘于寺院墙壁的壁画了。寺院中的每个祠堂里都有佛像和王者像，这些镀了金的佛像能发出五颜六色的光芒，寺中共有这类祠堂30个。

一座位于寺院南面的主塔院内的主佛塔如今仅有方形的基座被遗留下来，据记载，主佛塔顶部原有许多精美的装饰。五座巨大佛像的脚被从主佛塔墙外发掘出来，从脚的大小可推断佛像至少高3米，这里因而被称为"大佛像之墙"。

寺院里还有僧院、食堂、讲经堂和有石造水槽的中庭等建筑。寺院西面有一个广场，广场边有一个大概曾是仓库的尖顶拱门房屋。

小百科

著名的古迹塔克西拉是世界闻名的佛教圣地遗址。这个有着两千多年历史的佛教圣地曾吸引了中国高僧法显、玄奘等人。塔克西拉博物馆里收藏着许多出土文物，其中各种各样的佛像尤其引人注目。

地理图鉴

土耳其

土耳其
国名：土耳其共和国
首都：安卡拉
面积：78.36 万平方千米
官方语言：土耳其语

地跨亚、欧两洲的土耳其，自然风光秀丽多姿，有卡帕多西亚奇石区等名胜。土耳其也是一个有着悠久历史的文明古国，古迹古城见证了历史的沧桑变化。

土耳其位于亚洲西部和欧洲东南角，地跨欧、亚两洲，面积广阔，领土大部分位于小亚细亚半岛上。土耳其境内多高原和山地，只在沿海地区有小块的平原分布。境内最高峰为大阿勒山，海拔 5 165 米。土耳其大部分地区属亚热带地中海式气候。

　　土耳其境内有着瑰丽多姿的自然风光，名胜古迹随处可见，构成了发展旅游业的良好物质条件。土耳其政府设立了伊斯坦布尔、爱琴海地区、地中海沿岸和卡帕多西亚这四个发展旅游业的特区，并投入大量资金，使其旅游业迅速发展，成为一个新兴的旅游胜地。

伊斯坦布尔

　　伊斯坦布尔位于土耳其首都安卡拉西北约三百八十千米处。伊斯坦布尔是土耳其最大的城市和历史名城。

　　伊斯坦布尔省首府伊斯坦布尔，是土耳其最大的城市、海港和工商业中心，具有悠久的历史。该城位于国境巴尔干半岛东端、博斯普鲁斯海峡南口西岸。海峡与马尔马拉海和金角湾从三面把城市环绕起来。它是世界上唯一横跨欧亚两大陆的城市，还是古代丝绸之路的终点。伊斯坦布尔扼守着黑海的出入门户，地处欧亚交通要道，战略地位十分重要，历来为兵家必争之地。历史上，古罗马、拜占庭、奥斯曼三大帝国的首都都曾先后建在这里。两千多年来，欧亚大陆政治、宗教、艺术史上的许多重大事件都与这座城市联系在一起。如今市内还保存着一批古代建筑杰作，其中许多建筑对欧亚两洲产生过重大影响，是人类极为宝贵的历史文化遗产，1985 年联合国教育、科学及文化组织将这个城市的考古公园、苏莱曼尼耶区、泽雷克区和城墙区列入《世界文化与自然遗产保护名录》中。

　　伊斯坦布尔古称拜占庭。城市由希腊人于公元前 658 年所建，历

伊斯坦布尔民居

史悠久，公元 330 年，罗马帝国迁都到这里将其改名为君士坦丁堡。公元 395 年，罗马帝国分裂，这里便成为东罗马帝国的首都。在以后的几百年里，这里一直是地中海东部政治、文化、经济的中心。1453 年，奥斯曼帝国将这里作为首都，从此以后，这里便被称为伊斯坦布尔。

伊斯坦布尔境内有众多文物古迹。坐落于金角湾南面的伊斯坦布尔旧城区，有内外两道城墙围绕，内墙长 6 650 米、高 9 米、厚 4.8 米，修建于公元 413 年。外墙筑于公元 447 年，上面设有 92 座炮塔，现存有 56 座，墙外有深濠围护，堪称军事建筑史上的杰作。

伊斯坦布尔旧城区街道沿着起伏的海峡地势蜿蜒曲折而建，古老街道两侧的那些红色屋顶的哥特式建筑同小骑楼式的伊斯兰房屋交相辉映。新城区街道宽阔笔直，两旁现代化大厦高耸，城郊高速公路上各种车辆风驰电掣。现在市区已扩大到金角湾以北和博斯普鲁斯海峡东岸的于斯屈达尔等地。商业区位于市中心，十分繁华，金角湾的古老室内市场，是世界上少见的大型室内市场，占地 3 万平方米，有四千多家店铺，每天人如潮涌。伊斯坦布尔是土耳其最大的工业中心，纺织、机械、船舶修理等工业尤为发达。伊斯坦布尔还是一座文化古城，拥有伊斯坦布尔大学、海峡大学等 34 所高等学府。

今天，这座古城已成为著名的旅游城市。

卡帕多西亚石窟建筑群

土耳其安纳托利亚高原中部的火山地带，有一座格雷梅国家公园，该公园位于阿瓦诺斯、内夫谢希尔、于尔居普三个城镇连接的三角地域内，公园面积为 96 平方千米。

300 万年前，安纳托利亚高原中部的埃尔吉耶斯山和哈桑山发生火山爆发，喷出的熔岩覆盖了四周平原，形成了一片火山熔岩地带，长期风吹雨淋后的熔岩变为溶洞林，形成卡帕多西亚独特的地貌。现在这里是一片石林，呈圆锥形或斗篷形，犹如矗立在地上的连绵不断的小尖塔。附近山谷里有五光十色的岩石，深红的、浅绿的、金黄

的、淡灰的，交相辉映，绚丽多姿。

中世纪后，来到这里的修道士修建了很多洞窟修道院和洞窟教堂。据记载，格雷梅溪谷在 10 世纪时有将近四百座洞窟修道院和洞窟教堂。

卡帕多西亚洞窟修道院和洞窟教堂中有许多风格质朴的壁画，这些壁画多是用红色颜料在岩石上直接描绘而成的。蓝色颜料是在 10 世纪后半期才开始使用的，这些壁画使用的颜料直到今天仍然保持着鲜艳的色彩，透露出古典的优雅气息。

卡帕多西亚地区和格雷梅国家公园里有狼、红狐、獾和欧亚水獭等珍稀动物。另外这里还有多种植物，其中有一百多种是此地所独有的，包括濒临绝迹的刺果豆等。

🔍 小百科

"新罗马"七山即伊斯坦布尔城内的七座小山。据说当年罗马皇帝把土耳其看作新罗马，于是在这里仿造了罗马四周的七座山。七座山上名胜古迹众多，如圣索菲亚教堂、苏丹艾哈迈德清真寺等。

地理图鉴

叙利亚

叙利亚
国名：阿拉伯叙利亚共和国
首都：大马士革
面积：18.52 万平方千米
官方语言：阿拉伯语

叙利亚是一个有着悠久历史的文明古国，国内古迹众多，有许多名城，尤其是几经兴衰、历尽沧桑的大马士革古城，不愧于"古迹之城"的称号。

叙利亚在亚洲西部，地中海的东岸，面积非常广阔。

叙利亚的东部为高原，南部为荒漠，中部为平原，西北部为草原，最高峰为海拔 2 814 千米的谢赫峰。气候属冬湿夏干的地中海型气候。

叙利亚是一个有着古老历史的伊斯兰国家，国内的旅游点多为古代都城或遗址，主要有大马士革古城、阿勒颇古城等。

大马士革古城

坐落在叙利亚南部的大马士革古城是叙利亚的首都。它位于克辛山的山坡上，面积约一百平方千米。

大马士革古城约建于公元前 2000 年，阿拉伯倭马亚王朝于公元661 年在此定都。公元 750 年阿拔斯王朝拥有了这个城市，后在奥斯曼帝国统治下长达 4 个世纪之久，独立前法国殖民主义者又在此统治了三十多年。大马士革可谓几经兴衰、历尽沧桑，"古迹之城"的称号受之无愧。

古城旁屹立着一座石门，传说这就是当年圣保罗进入大马士革传教的地方。有一次圣保罗被人追捕，教友们将他隐藏在篮子里转移到大马士革城堡下，接着他又从这座石门顺利地逃出了大马士革。后来为纪念圣保罗的传教活动，基督教徒在这里修建了圣保罗教堂。

城中有一座名为倭马亚的清真寺，举世闻名。寺庙有三个尖塔，高耸入云，展示了伊斯兰教各时期的建筑艺术风格。寺庙西面是朱庇特神庙，朱庇特是罗马神话中的主神，相当于古希腊神话中的宙斯，现在仅保留下来几根高大的石柱。

布斯拉古城

布斯拉古城位于叙利亚的德拉省内，勒哈河南岸的努克鲁平原上，海拔 850 米。古城全部由火山岩建成。布斯拉地处交通要冲，五条道路交会在这里。其中与大马士革相连的道路有两条，另外还有三条：一条往西通向地中海，一条朝南可以抵达红海，还有一条向东南直通波斯湾。布斯拉拥有丰富的水资源，土壤肥沃，农业发达，有"叙利亚的谷仓"之称。

布斯拉古城有高大宽敞的城门，城墙上筑有防御工事，以防敌人攻城。

古城内街道宽敞，无数圆柱整齐地排列在两侧。

不同民族的统治造就了布斯拉城内建筑风格的多样性。其中古罗马剧场是主要建筑之一，创建于公元 2 世纪。现存下来的遗迹是剧场的壕沟、墙面和宽敞的大厅。剧场面积巨大，可同时容纳 1.5 万人。因此它被认为是众多古罗马露天剧场中最大、最壮观、保存最完整的一座，建筑艺术价值极高。建于 13 世纪的城堡、大教堂、法特美特清真寺、马布拉清真寺，以及菲德伊斯兰学院等建筑环绕在古罗马剧场的四周。

此外，还有古老的纳巴泰式建筑区。

阿勒颇古城

阿勒颇古城地处叙利亚西北部的阿勒颇盆地中，有着"古代文明之都"的美称，是

夜色中的阿勒颇古城

叙利亚第二大城市。

阿勒颇古城散布着无数古迹，不同时代、不同民族文化、不同风格的古迹都在这里一一展现。其中，建于公元前2000年的古堡是这里最重要的古建筑。整座城堡防御布局巧妙严密，易守难攻。相传城堡只在1401年被蒙古帖木儿汗攻下过，后来这座城堡再无人攻克。

城内有两座建于12世纪的清真寺，其中的一座耸立于阿勒颇城中的一座小山顶上，是城中的制高点。清真寺的尖塔有20米高，站在塔上能够俯瞰阿勒颇城的全景。远望清真寺直入云霄的尖塔，更增添了古堡的威严和神圣。

如今的阿勒颇古城中，也有不少宗教建筑，如两座清真寺（大清真寺、麦达尼清真寺），若干座伊斯兰学院，如莫卡达尼亚伊斯兰学院、建筑在圣埃莱娜教堂遗址上的哈拉维耶伊斯兰学院，以及在1235年由阿勒颇酋长国摄政主代费·哈同建造的埃尔佛多斯伊斯兰学院。最为难得的是阿勒颇古城至今还保存着建于17世纪的居民区和客栈。

 小百科

大马士革是世界古老城市之一，拥有四千五百多年的文明史，公元7世纪—8世纪它曾是阿拉伯帝国文化和商业中心。大马士革工业发达，手工艺品闻名天下，其中大马士革刀更是享誉世界。

世界国家地理图鉴
SHIJIE GUOJIA DILI TUJIAN

非 洲

地理图鉴

埃 及

埃及
国名：阿拉伯埃及共和国
首都：开罗
面积：100.2 万平方千米
官方语言：阿拉伯语

干燥的气候、炎热的天气、神秘的金字塔、巨大的狮身人面像、威严的法老、谜一般的象形文字、帝王谷中深埋的巨大宝藏、地下宫殿壁画上描绘的璀璨文明，这就是埃及。

埃及全称阿拉伯埃及共和国，地处非洲的东北部，地跨亚非两洲，亚洲西南端的西奈半岛也是其领土的一部分。埃及国土的总面积为 100.2 万平方千米。

埃及境内多沙漠，约占其国土总面积的 96%。尼罗河贯穿埃及南北。该国大部分地区属炎热干燥的热带沙漠气候，地中海沿岸属亚热带海洋性气候。

作为四大文明古国之一的古埃及，历史古迹遍布全国。其中位于首都开罗附近的吉萨金字塔和狮身人面像，被列为世界古代七大奇迹之一。其他以拥有众多名胜古迹著称的城市还有亚历山大、阿斯旺、底比斯、孟斐斯等。

开罗

开罗位于埃及尼罗河三角洲顶点以南约十四千米的地方。

开罗横跨尼罗河，是非洲最大的城市，也是世界名城之一。公元642年，阿拉伯军队征服埃及，在尼罗河东岸兴建了福斯塔特城，这是开罗的前身。公元973年，法蒂玛王朝占领埃及后，将这里取名为"开罗"。

开罗城内遍布大大小小的清真寺共二百五十多座。在城中的任何地方都可以看见寺庙高耸的塔尖儿，所以开罗又被称为"千塔之城"。开罗还有很多广场，最著名的就是拉美西斯广场。该广场位于开罗火车站对面，广场中心耸立着拉美西斯二世巨大的雕像。此雕像是在1955年从古城孟斐斯迁到此处的。剧院广场是1869年为庆祝苏伊士运河通航而建的歌剧院所在地。其他还有苏莱曼帕夏广场和解放广场。解放广场位于苏莱曼帕夏广场和尼罗河之间，有10条街道会聚于此，广场附近是规模宏伟的埃及博物馆和现代艺术博物馆。

孟斐斯及其墓地和金字塔

孟斐斯及其墓地和金字塔地处埃及东北部的尼罗河西岸。

孟斐斯又名"美尼弗"，意为"迷人的住宅"，始建于5 000年前。埃及首次统一后将其作为都城，后逐渐发展成为古王国的宗教、政治和军事中心。古城历经岁月的沧桑，当时的辉煌大多已随历史远去。今天能够保留下来的只有一座拉美西斯三世的巨大石像、普塔神庙的废墟，还有阿庇斯圣牛庙。

金字塔位于开罗西南部的吉萨

著名的吉萨金字塔

73

地区，距离开罗约有十千米。金字塔是古埃及法老的陵墓。陵墓用巨大的石块修成，呈方锥形，形似汉字"金"，因此被称为"金字塔"。

吉萨的金字塔有三座，其中第四王朝法老胡夫陵墓的规模最大，成为世界古代七大奇迹之一。胡夫金字塔约建于公元前 27 世纪，最初高 146.59 米，历经千年风蚀，现在的高度只有 136.5 米。塔底的面积为 5.29 万平方米，原四周底边各长 230 米，现缩为二百二十米左右。塔的斜面倾角约为 51°，塔底四边正对东、南、西、北四方。该金字塔用石约二百三十万块，其中最大的一块约重十六吨，平均每块石块重 2.5 吨左右。石块之间没有用任何黏合物，但合缝处却非常严密。相传，这座巨大的陵墓是三十多万人花费 30 年时间建成的。

另一座金字塔是胡夫之子哈夫拉的金字塔。哈夫拉的金字塔比胡夫的略小，建在一块较高的台地上，塔高 143.5 米，基底各边长 215.25 米，塔旁矗立着著名的狮身人面像。因为狮身人面像与希腊神话中的人面怪物斯芬克司相似，所以西方人又把它称为"斯芬克司"。狮身人面像高二十米左右，长约五十七米。据说除狮爪外，整座雕像是用一整块巨石雕成的。

金字塔建筑有许多地方令人称奇。如塔底呈正方形，四边正对东、南、西、北四个方向，说明当时的埃及人已经对方位有较为深入的研究了。据说，如果把塔底正方形的纵平分线延长，恰巧可以平分整个三角洲地区；如果继续延伸，便成为一条地球的子午线，这条子午线不仅经过的陆地最多，而且能把陆地面积平分。而如果延长塔底

历尽沧桑的金字塔和狮身人面像

正方形的对角线，又可以把尼罗河口的三角洲包括在内。如果把塔底四边的周长除以高度的 2 倍，又与圆周率相等。塔面的每个三角形面积正好等于金字塔高度的平方，而其高度扩大 10 亿倍后又约等于太阳与地球之间的距离。而且金字塔的入口隧道正对北极星，无论站在隧道的任何位置都可以看到北极星。这些都显示出古埃及人的智慧和创造力以及当时科学技术的发达。

目前，埃及共发现 96 座金字塔，它们象征了古埃及灿烂的文明。

 小百科

狮身人面像是古代神话中一种怪兽的雕像，音译为斯芬克司。古埃及以狮身人面像作为主权和神道的象征，常放置在陵墓和神殿前。其中最著名的狮身人面像是哈夫拉金字塔旁的巨像。

地理图鉴

利比亚

利比亚
国名：大阿拉伯利比亚人民社会主义民众国
首都：的黎波里
面积：175.95 万平方千米
官方语言：阿拉伯语

"沙漠王国"利比亚有着悠久的历史和丰富的历史遗迹。曾经繁荣一时的大雷普提斯、罗马式的普罗古洛广场和由几千幅绘画组成的达德拉尔特·阿卡库斯石窟……

利比亚位于非洲的北部，北临地中海，国土面积为 175.95 万平方千米。利比亚 95% 的国土被沙漠和半沙漠覆盖，因此有"沙漠王国"之称。利比亚沿海一带属于地中海式气候，内地主要是热带沙漠气候。

利比亚历史悠久，现存不少古希腊和古罗马时代的遗迹，建筑风格多样，艺术价值很高。

大雷普提斯考古遗迹

大雷普提斯考古遗迹位于莱卜达河入海口，利比亚的胡姆斯区。腓尼基人为了进行商品贸易，在此修建港口，从而使这里逐渐发展成一座城市。奥古斯都罗马王朝时期，城市人口激增，新的

建筑物不断向西扩展延伸，其间在维塔斯广场上修建了罗马风格的剧场，还有几座漂亮的圆柱形拱门。广场西侧是利伯尔·帕特庙，东南侧是维塔斯大教堂。当时还扩建了港口，并修建了一道堤坝和一条运河以使莱卜达河顺利改道。今天的蒙蒂塞利山就是由当时挖运河的土堆积成的。

公元 2 世纪末到公元 3 世纪初期是大雷普提斯最繁荣的时期。

公元 698 年之后，由于受战争的影响，大雷普提斯成为一座空城。

昔兰尼考古遗址

昔兰尼考古遗址地处利比亚绿山地区。昔兰尼宽三百五十多米、长七百多米，海拔六百多米，始建于公元前 630 年，在公元 365 年的大地震之前，它是希腊语范围内最重要的城市之一。

昔兰尼城中有一个著名的普罗古洛广场，广场上有许多代表性建筑。其中圆塔是国王的陵墓，此外还有航海纪念碑、德木特神庙、会议厅等。整个广场的建筑大多采用了罗马式建筑风格。昔兰尼城内还有许多建于不同时期的神庙。其中最著名的是阿波罗神庙，这座神庙约建于公元前 7 世纪—前 6 世纪；而阿耳忒弥斯神庙则约建于公元前 4 世纪—前 3 世纪；公元前 2 世纪，该城又建造了赫卡忒神庙。

 小百科

腓尼基是古代地中海东岸地区一系列小城邦的总称，位于利万特海岸中部狭长地带，北起阿拉杜斯，南到多尔，长约三百二十千米。腓尼基人是古代世界最优秀的航海家和探险家，以经商、航海闻名于世。

地理图鉴

突尼斯

突尼斯
国名：突尼斯共和国
首都：突尼斯
面积：16.42 万平方千米
官方语言：阿拉伯语

突尼斯是一个东西方文明交汇的地方，它曾是迦太基的属地，后来罗马将这里征服，最终它成为使伊斯兰文明辉煌的地方。现在人们面对这些遗迹，仍能体会到历史沧桑的变迁。

突尼斯位于非洲北端，它的东部和北部濒临地中海。

突尼斯地理位置优越，境内名胜古迹众多，有世界闻名的迦太基古城遗址，还有凯鲁万、苏塞、杰姆等古城。地中海沿岸风光旖旎，游客众多。

突尼斯老城

突尼斯老城是突尼斯最大的港口城市，地处突尼斯首都突尼斯市内。突尼斯老城是地中海航道的要害，也是非洲和欧洲之间的主要贸易港口，它控制着一条穿越撒哈拉沙漠的主要通道。

突尼斯老城

老城的历史可追溯到公元前 9 世纪迦太基人建立的迦太基帝国时期。

公元 9 世纪，突尼斯城成为阿格拉比特王朝的重要城市，1230 年哈夫斯王朝时期，这里成为伊斯兰文化中心和重要的商业中心。16 世纪—19 世纪，土耳其人统治了突尼斯城，当时土耳其人在此修建了许多建筑。1837 年，突尼斯城被法国人侵占。1957 年，成立突尼斯共和国，这里就成为首都。

突尼斯老城是北非伊斯兰城市规划最和谐的一个城。现如今老城仅保存着过去留下的几座城门，城墙已倒塌。建于公元 3 世纪的宰图纳清真寺是老城最古老的建筑。突尼斯历史最悠久的大学也建在这里。

迦太基古城遗址

迦太基古城遗址距首都突尼斯东北约十七千米。

迦太基古城是奴隶制国家迦太基的首都，建于公元前 814 年。公元前 264 年，罗马人占领了迦太基城。公元前 122 年，罗马人重建该城。公元 698 年，阿拉伯远征军将迦太基城夷为废墟。今天我们看到的迦太基遗迹多数是公元前 146 年—公元 439 年由罗马人重建的。

现在，从迦太基遗迹中还依稀可以看出当时的主要建筑：有高 13 米、长 34 千米、厚 8 米的城墙。还可以看出宫殿、别墅、神庙、剧场、跑马场、基地、港口等。在这些建筑中，最著名的要数罗马皇帝安东尼时期建造的安东尼浴池。浴池总面积达 35 000 平方米，规模非常宏大。

迦太基还有一座露天剧场。剧场位于山坡上，舞台被半圆状观众席环绕着，剧场很大，可以容纳几万名观众。

突尼斯境内最早的基督教堂也坐落在古城内。在教堂遗址中还发现了腓尼基时代的坟墓、石棺、殉葬品等，还有几具公元前 400 年的石棺，棺盖上有死者的雕像，从雕像的衣着看，当时的社会在很大程度上受到了埃及文化的影响。

小百科

公元 661 年，叙利亚总督穆阿维叶即位，以大马士革为首都，建立倭马亚王朝。之后，阿拉伯贵族接连发动对外战争。到公元 8 世纪中叶倭马亚王朝成为一个地跨亚、欧、非的庞大军事封建帝国。

地理图鉴

摩洛哥

摩洛哥
国名：摩洛哥王国
首都：拉巴特
面积：45.9 万平方千米
官方语言：阿拉伯语

摩洛哥是个美丽的地方，一部《卡萨布兰卡》令人对它心驰神往；摩洛哥是个绚丽的地方，遍布各地的历史遗迹，能够让人充分领略阿拉伯文明的灿烂辉煌。

摩洛哥位于非洲的西北边缘，地处地中海通往大西洋的要害地区。

摩洛哥的主要地形为高原和山地，北部为狭窄的平原地区，南部和东部为半沙漠地带。大部分地区属于地中海型气候，东南部属于热带沙漠气候。

非斯老城中优美的建筑体现其悠久的历史

摩洛哥的海滩风景如画，沙漠绿洲引人入胜。一些老城，如马拉喀什、非斯、得土安等都有很多历史古迹。电影《卡萨布兰卡》的成功使达尔贝达城享誉世界。

非斯老城

非斯位于中阿特拉斯山麓西部边缘，距首都拉巴特 190 千米。

公元 9 世纪初，摩洛哥第一个王朝——伊德里斯王朝，其第二代国王兴建了该城，使非斯成为摩洛哥国土上最早建立的阿拉伯城市。

非斯古城街道狭窄，主要以马、驴作为运输工具。12 世纪时，非斯城内的清真寺达到 785 座，其中最著名的当数卡拉奥因大学兼清真寺。该寺既是伊斯兰思想传播的中心，也是历史最悠久的一座高等学府。

非斯城南北山坡上有两座保存完好的城堡，是萨阿德王朝于 16 世纪时修建的。北部的城堡内有一座兵器博物馆，有的兵器为摩洛哥人自己制造，有的兵器是外国赠送的。其中有一把刻有汉字的宝剑，相传为古代中国皇帝赠送给摩洛哥国王的礼品。另一座巴塔博物馆曾经是一座王宫，藏有历代王朝的珍宝。

沃吕比利斯考古遗址

沃吕比利斯考古遗址坐落在摩洛哥的梅克内斯城北大约三十千米处。相传该城的兴建者为摩西时代的埃及法老，故此城又被人们称为"法老的宫殿"。

人们于 1874 年发现了沃吕比利斯遗址，并于 1915 年开始大规模发掘。该遗迹内有建于公元 217 年的沃吕比利斯凯旋门。中心广场与"巴西利卡"的一边相连。"巴西利卡"是法庭开庭及商业会议进行的场所，同时又是人们避雨的好去处。

沃吕比利斯的建筑种类繁多，诸如俄耳浦斯的房子、艾弗伯斯带柱廊的房子、维纳斯随从的房子、高利尔那斯的浴室等，不胜枚举。

遗迹内还挖掘出大批大理石人头像和青铜人像，制作精巧，颇具收藏价值。摩洛哥第一个阿拉伯王朝——伊德里斯王朝的发源地就在附近。这里埋藏着开国君王的遗体。梅克内斯后来发展成伊斯兰教的一大圣城，其圣墓和清真寺风格奇特，别具一格。

小百科

《卡萨布兰卡》是美国著名影片，拍摄于 1943 年。影片通过第二次世界大战初期发生在摩洛哥北部城市卡萨布兰卡的一个故事，反映了当时社会上形形色色的人物所共有的反法西斯精神。

地理图鉴

埃塞俄比亚

埃塞俄比亚
国名：埃塞俄比亚联邦民主共和国
首都：亚的斯亚贝巴
面积：110.34 万平方千米
官方语言：通用英语

有 "非洲屋脊"之称的埃塞俄比亚是非洲东北部的国家，这个拥有 3 000 年历史的文明古国现已成为非洲联盟总部所在地。这里还拥有众多的文明古迹，吸引世界各地的游客到此观光。

埃塞俄比亚位于非洲东北部，地势以高原和山地为主，是非洲地势最高的国家，并有"非洲屋脊"之称。东非大裂谷从东北到西南斜贯全境。

埃塞俄比亚是有三千多年历史的文明古国，境内古迹众多，其中拉利贝拉的独石教堂堪称"非洲奇迹"。非洲联盟的总部也设在埃塞俄比亚的首都亚的斯亚贝巴。

拉利贝拉独石教堂

拉利贝拉独石教堂位于埃塞俄比亚首都亚的斯亚贝巴以北三百多千米的地方。

这些教堂大都建于 12 世纪—13 世纪初的拉利贝拉国王统治时期。它们由 5 000 名工匠在巨大的石头上开凿出来，

埃塞俄比亚大教堂

整个工程耗时近三十年之久。教堂虽然在大小、颜色及造型上各有不同，但也有很多相同之处：每个教堂都有古老的阿克苏姆式的石碑尖顶，内部结构和装饰都是凿空雕成，还有石柱形走廊、镂空门窗以及纹饰、塑像、浮雕和祭坛等，各个教堂之间都有和岩洞相连的地下通道，所有教堂均未用任何黏土、黏合剂或灰浆。

在这些教堂中最美的是玛丽亚教堂，教堂的拱门和天花板上绘有五彩缤纷的图画，美好的动物形象和几何图案为庄严肃穆的教堂增添了几分艺术气息。耶稣基督教堂规模最为宏大，教堂在红色的岩石上凿出，长33米、宽23.7米、高11.5米，教堂内立有34根石柱。其他教堂也都颇具特色：戈尔尔塔—米凯尔教堂埋葬着拉利贝拉国王和他的一些遗物；埃曼纽尔教堂有呈几何图形的红墙，木头似的横梁实为石头砌成；而高处俯视下的圣乔治教堂则似一个立于地面的巨大十字架。

阿克苏姆考古区

阿克苏姆海拔2 100米，坐落在埃塞俄比亚东北高原上。在公元

拉利贝拉岩石教堂

83

1 世纪左右，这里曾是阿克苏姆王国的都城。

阿克苏姆历史悠久，名胜古迹遍布全城。其中最著名的是一座整块巨石碑。这块碑由石块雕成，是迄今为止人类历史上最大的石碑。另有一座石碑位于阿克苏姆风口处，因此它被称为"清风吹来的地方"。

这里还有一座建于公元 535 年的陵墓，墓主是阿克苏姆国王卡列卜。墓室的墙壁和顶部皆用整块花岗岩石雕砌成，墓壁雕刻着埃塞俄比亚最古老的文字——吉斯文。此外，著名的恩达·马里安姆·西翁大教堂曾是古代国王加冕的地方。教堂里面还藏有许多国王的御服、王冠以及科普特基督教的经书。

城西还发现了"恩达—塞蒙""恩达—米凯尔"和"达克恰—麦雅姆"三座建筑物地基。经研究证明，它们是建于 1 000 年前的城堡废墟。

 小百科

亚的斯亚贝巴是埃塞俄比亚首都，也是该国第一大城市。该市海拔 2 450 米，是非洲地势最高的城市。其人口约二百二十五万。同时亚的斯亚贝巴也是非洲联盟总部所在地。

地理图鉴

坦桑尼亚

坦桑尼亚
国名：坦桑尼亚联合共和国
首都：达累斯萨拉姆
面积：94.51 万平方千米
官方语言：英语、斯瓦希里语

海明威的《乞力马扎罗的雪》让人们认识了乞力马扎罗山的美丽，更让坦桑尼亚这个令人着迷的国家成为世界各地游客争相观光的地方。

　　坦桑尼亚位于非洲东部，由坦噶尼喀和桑给巴尔两部分组成，面积广阔。

　　有"丁香之国""剑麻之乡"的坦桑尼亚地势西北高、东南低，东非大裂谷纵贯南北，境内东北部的乞力马扎罗山海拔为 5 895 米，为非洲最高峰。其大部分地区气候类型为热带草原气候。

乞力马扎罗山及其国家公园

　　乞力马扎罗山意为"光辉的山"，地处平坦的热带草原，由于附近没有其他山峰，因此它又被称为"非洲之王"。由于乞力马扎罗山的山顶温度常在－34℃左右，终年积雪，它又被称为"赤道雪峰"。但其有些山麓的气温可高达到59℃。

　　乞力马扎罗山主峰——基博峰，与马温西峰之间由一段长达11千米的鞍形山脊相连。主峰上有直径达2 400 米的死火山口，其深约二百米。火山口凝结着冰块，美丽壮观，底部有冰柱，看上去千姿百态。德国殖民主义者曾称其为"威廉皇帝峰"，坦桑尼亚独立后，又

把基博峰命名为"乌呼鲁峰",意为"自由峰"。

乞力马扎罗山独特的自然条件使得热、温、寒三带作物都可以在这里生长,山上、山下景色也因此迥然不同。山麓一带的热带树木郁郁葱葱,藤蔓交错缠绕,苍苔从枝丫上倒悬而下,似一道绿色帘幕,山泉清澈见底,山坡覆盖着肥沃的火山灰。山谷里长满了香蕉、甘蔗、咖啡、剑麻、茶林等植物;峰峦终年积雪,还有巨大的冰川。乞力马扎罗山以其独特壮丽的景色吸引着世界各地的游人。

乞力马扎罗国家公园成立于1968年,总面积为7.56平方千米。园中有大量野生动物,如犀牛、大象、雄狮、角马、羚羊和斑马。现在这里交通发达,有多条国际航线的班机可直接抵达乞力马扎罗国际机场。

塞伦盖蒂国家公园

位于坦桑尼亚北部的阿鲁沙、希尼安加、马拉三省境内的塞伦盖蒂国家公园占地1.4万平方千米,是野生动物最集中、面积最大的天然动物园。公园北面有肯尼亚马赛—玛拉自然保护区,东面是恩戈罗自然保护区,南面是马斯瓦狩猎区。

塞伦盖蒂国家公园自1921年至今,已查明的野生动物总只数为三百多万,一百七十余种。其中包括:13万只斑马、35万头斑纹角

乞力马扎罗山雄姿

马、16.5万只汤姆森羚羊、2.7万头达马鹿、1.8万头驼鹿、4 000只长颈鹿、七千多只大角斑羚、1.5万头埃塞俄比亚疣猪、2 700头象、3 000只水羚、五百多只河马、两千多只狮子、一千多只猎豹、二百多头黑犀牛、三百多匹狼以及三千五百多只斑鬣狗。

角马、斑马、羚羊等食草动物一年一度的大迁徙是园内最壮观的景象，被视为"地球伟大奇景之一"。每年6月，塞伦盖蒂平原进入旱季，河流干涸、牧草稀疏，角马和斑马便从中央平原向西部湖区水源地迁徙。一般六七匹马齐头并进，马群绵延草原有十几千米。狮子和其他食肉猛兽继马群之后迁徙，队伍气势磅礴。11月，在马拉平原进入旱季后重返原地。角马大迁徙是这里最壮观的景象，对游人有极强的吸引力。

🔍 小百科

海明威是美国小说家，其主要作品有《太阳照常升起》《乞力马扎罗的雪》《老人与海》。海明威的作品文字简约明快，形象富于动作性。他虽未开创一个新的文学流派，但却是一位开创一代文风的语言大师。

地理图鉴

塞舌尔

塞舌尔
国名：塞舌尔共和国
首都：维多利亚
面积：455 平方千米
官方语言：克里奥尔语

塞舌尔这个有着美丽自然风光和丰富野生动植物资源的国家，坐落于非洲东侧印度洋西部的群岛上。它以独特的风采吸引着世界各地的人们前去观光。

塞舌尔位于非洲东侧印度洋西部的群岛上，包括 115 个珊瑚岛和花岗岩岛，属于热带雨林气候。

和其他印度洋的群岛国家一样，塞舌尔的历史是由 15 世纪末的阿拉伯的航海家们掀开的，而葡萄牙的航队司令达·伽马却是第一个将其写入航海日志并画进航海图标的人。

维多利亚

塞舌尔的首都维多利亚坐落在马埃岛的东北角。维多利亚街道整洁，建筑典雅、小巧玲珑，幽静而秀丽。漫步市内，一组组乳白色的楼宇掩映在绿树繁花之中。一座建于 1903 年的钟塔矗立在市中心处。主要街道——独立大街上有一座由黑色、黄色、白色三只海鸥组成的大型雕塑，它象征着克里奥尔人二百多年前从欧、亚、非三洲漂洋过海来到这里安家落户的历史。如今，岛上的非洲人、马达加斯加人、欧洲人、华人、马来人和印度人的后裔早已通婚，维多利亚城也就形

成了独特的多民族特色的城市风貌。

作为塞舌尔唯一的港口，维多利亚建有新式码头和 2.5平方千米的深水区，各种船舰均可以在此停泊。维多利亚既是国际海运重要的中转站，又是重要的渔港和椰子、肉桂、

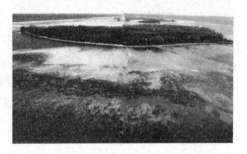

阿尔达布拉环礁

香草和腌鱼的集散地。1971 年建成的国际机场，是印度洋上重要的航空枢纽。

维多利亚植物园是市内主要的游览区。园内集中了塞舌尔群岛上的各种珍奇植物，有八十余种世界上独一无二的植物，包括高大的阔叶硬木、两种兜树、白色的凤尾状兰花、奇特的瓶子草、极为稀罕的海蜇草以及塞舌尔国宝海椰子树等。其中，已濒于灭绝的凤尾状兰花已被定为该国国花，并在 1971 年规定不许将其带出国境。植物园内还饲养着一些珍奇动物供游人观赏，有从龟岛阿尔达布拉岛运来的巨龟以及塞舌尔特有的胸部呈橘色的飞狐等。在维多利亚街头，四处可见由海椰子和贝壳雕刻而成的工艺品，颇具当地特色。

阿尔达布拉环礁

阿尔达布拉环礁是塞舌尔最大的珊瑚岛，长约三十千米、宽约十五千米。阿尔达布拉环礁地处塞舌尔马埃岛西南，距非洲东海岸 640千米，离马达加斯加约四百二十千米。环礁包括 188 平方千米的陆地、20 平方千米的丛林地，其余是漏潟湖、暗礁和外围海域，总面积达 350 平方千米。

阿尔达布拉环礁海拔超过 3 米的只有极少部分，其生态环境多种多样，有 16 种当地所特有的植物，其中包括濒临灭绝的海岸香瓜。

阿尔达布拉生存着 15.2 万只巨龟，因此这里又被称为"龟岛"，这也是环礁上最壮观的自然景观。巨龟体重二百多千克，长约两米，可承受 1 个 ~2 个人的重量。巨龟一般可以活 100 年，其年龄从它们背上的年轮圈就可以辨别出来。海龟以甜味的树叶为食，它们还很聪明，若吃不到位置高的食物，它们便交替着爬到对方的背上够食，这成为游客们眼中有趣的一景。这里还有罕见的绿海龟，十分珍贵。每

年约有一千只绿海龟来这里产卵。

龟岛在塞舌尔独立后被划为原始生物保护区，任何人都不得捕杀大海龟。这里还设立野生动物管理站、海龟研究站，来自世界各国的几十名科学家在这里进行对海龟的科学研究。

岛上还有大约五万只海鸟，其中包括很多珍稀鸟类。

拉迪格岛

拉迪格岛距离马埃岛约四十五千米，是目前自然生态保存最好的岛屿之一。这里树木参天，枝叶扶疏，怪石嶙峋，曲径通幽，民风淳朴，建筑原始，素有"生态景观甲天下"之美誉。

 小百科

塞舌尔一直享有"旅游者天堂"的美誉，1993年在世界十大旅游点评选中名列第三。主要景点有马埃岛、普拉兰岛和拉迪格岛等。其中马埃岛上的拉塞尔自然保护区以拥有种类齐全的热带水果树木和成群的象龟而驰名世界。

地理图鉴

塞内加尔

塞内加尔
国名：塞内加尔共和国
首都：达喀尔
面积：19.67 万平方千米
官方语言：法语

因塞内加尔河得名的塞内加尔是一个典型的农业国，这个曾作为欧洲人重要的贩奴基地的地方，现在因其花生出口量居世界第一而被誉为"花生王国"。

塞内加尔位于非洲最西部，西临大西洋，海岸线长 500 千米。

塞内加尔的地势比较平坦，东南部为低山丘陵，东部和中部大部分地区为半沙漠地带。塞内加尔的大部分地区属于热带草原气候。

塞内加尔的戈雷岛曾经是运输黑奴的起点，然而现在这里已建立了博物馆。

达喀尔

达喀尔是塞内加尔的首都和最大的港口。它位于佛得角半岛顶端，非洲大陆最西部，濒临大西洋，地理位置很重要。它是大西洋航线要冲及西非的重要门户，也是欧洲至南美、南部非洲至北美洲间来往船舶的重要中途站。达喀尔地处热带，气候温和宜人，市区建筑风格独特，精巧别致，有"非洲小巴黎"之称。

塞内加尔海滨风光

戈雷岛

位于塞内加尔首都达喀尔附近的戈雷岛，南北长约九百米，东西宽约三百米，面积约为二十七万平方米。小岛坐落在大西洋上，其北端为埃斯特雷要塞，南端的一块平台上建有堡垒。

戈雷的意思是"良好的锚地"。直到 1 815 年前，戈雷岛一直是奴隶买卖的一大中心。葡萄牙、荷兰、英国和法国殖民者曾先后对这个小岛进行过殖民统治。1776 年，荷兰殖民者在小岛东部建起一幢两层的奴隶堡，奴隶堡的下层是一间间小屋，面积很小，长 2.34 米、宽 2.28 米，每一间这样的小屋通常关押约二十名奴隶，上层则是殖民统治者的卧室，上下层简直有天壤之别。

尼奥科罗—科巴国家公园

尼奥科罗—科巴国家公园位于塞内加尔境内，一部分在东塞内加尔，另一部分在上卡萨芒斯地区。

公园内生物资源非常丰富，野生植物有一千五百多种，动物五百二十多种。这里拥有非洲数量最稳定的象群，共有四百多头非洲象。狮子、豹、鬣狗、猩猩、德尔比非洲大羚羊等动物在保护区自由活动，这里是它们的幸福家园，大量的飞禽、爬虫类和两栖类动物也在此繁衍生息。

朱吉鸟类保护区

朱吉鸟类保护区地处塞内加尔河三角洲，与历史名城圣路易斯相距六十千米左右，占地 160 平方千米。保护区位于撒哈拉沙漠南缘，年降水量不足 400 毫米，但保护区地理环境优越，它的中心是宽阔的湖泊，溪流、水塘、运河和死水湾位于保护区的四周。朱吉河等三条大河流经这里，保护区因此而得名。

撒哈拉大沙漠虽然绵延两千多千米，却阻碍不了各种候鸟来此寻找自己的乐园。它们从四面八方飞来，其中还有来自遥远的北极圈的候鸟。常住在这里的鸟类主要有白鹈鹕、大鸨、非洲白琵鹭、苍鹭、夜鹭等。目前塞内加尔河三角洲的大鸨数量剧减，只有保护区内还有数量相对稳定的一群。

圣路易岛

17 世纪的圣路易岛是法国的一个殖民地，19 世纪中叶发展成为一座城市。从 1872 年到 1957 年圣路易岛是塞内加尔的首都，在整个西非的文化和经济发展方面扮演着重要的角色。

圣路易岛最初是作为法国在非洲的殖民地而发展起来的，是塞内加尔的第一个法国固定殖民点。18 世纪的圣路易岛是一个活跃的港口和重要的商业中心区（包括奴隶交易），其居住人口总数已经达到 10 000 人。这一时期，在圣路易可以看到非洲人、欧洲人和许多欧亚混血儿，不同种族间的通婚非常常见，甚至成为圣路易岛的传统。

圣路易岛的建筑富有浓郁的殖民地风格。殖民地时代的总督府是一座建于 18 世纪的城堡。城堡南北两边的房屋历史可以追溯到殖民地时代，房屋都还完好地保留着阳台和精美的铁制围栏。

小百科

在达喀尔东北三十多千米的地方，有一片湖体呈椭圆形的湖泊，由于它的湖水呈现玫瑰色，所以被称为"玫瑰湖"。玫瑰湖的含盐度特别高，湖中没有生物，湖底形成了厚厚的盐层。

圣路易岛

地理图鉴

刚果民主共和国

刚果民主共和国
国名：刚果民主共和国
首都：金沙萨
面积：234.49 万平方千米
官方语言：法语

刚果民主共和国这个被誉为"世界原料仓库"的国家，其国土形似巨盘。这里不仅因盛产钻石而有"中非宝石"的美誉，更因丰富的自然资源而拥有"地质奇迹"的称号。

刚果民主共和国位于非洲中部，有"非洲心脏"之称。其地形分五个部分：中部刚果盆地地区，东部东非高原大裂谷区，北部阿赞德高原区，西部几内亚高原区，南部隆达—加丹加高原区。扎乌边界的玛格丽塔峰海拔 5 109 米，为全国最高点。坦噶尼喀湖水深 1 435 米，是世界第二深水湖。刚果民主共和国南纬 5°以北属于热带雨林气候，以南属于热带草原气候。刚果民主共和国因矿产、森林、水力等资源极为丰富，故有"世界原料仓库"之称。

金沙萨

金沙萨旧称"利奥波德维尔"，位于刚果河下游左岸，与刚果首都布拉柴维尔隔河相望。这里最初是一个小渔村，1881 年比利时在此建立殖民点，并以比利时国王的名字命名为"利奥波德维尔"。1966年，前扎伊尔共和国政府将其更名为"金沙萨"。

刚果地区瀑布景观

　　金沙萨是全国政治、军事、经济和文化中心。在金沙萨市西北角刚果河畔的恩加利埃马山上，坐落着"大理石宫"（前总统官邸）和"非统城"（现总统府所在地）。市中心有一座白色的雄伟建筑，就是由中国援建的"人民宫"，它是会议和群众集会的中心。金沙萨的主要工业有纺织、印染业以及一些加工产业。金沙萨市还是全国水陆空交通枢纽，空中交通以恩吉利国际机场为中心构成全国航空网，可直达布鲁塞尔以及邻国；水上交通主要是刚果河航运，从金沙萨市北上通往北部和东部省份；陆上交通有公路，还有一条长约四百千米的铁路与全国最大的港口马塔迪相连。

　　金沙萨市曾被誉为"黑非洲的花城"，异树奇花种类繁多，市内片片葱绿，热带风光旖旎。高大挺拔的棕榈树、金光灿烂的凤凰树、殷红富丽的三角花树、纤秀玲珑的鸡蛋花树，五彩斑斓的紫串花、黄串花和红串花树以及香蕉、椰子、芒果等各种果树郁郁葱葱，花团锦簇，既美化了环境，又使城市充满了生机。

维龙加国家公园

　　创建于 1925 年的维龙加国家公园是非洲创建最早的国家公园，占地 7 800 平方千米。公园位于刚果民主共和国著名的旅游城市戈马市的

凤凰树

维龙加国家公园的大猩猩

北面，鲁文佐里国家公园的西面，位于东非大裂谷的大断层陷落带东段，横跨赤道。斯瓦希里语中"维龙加"意为"火山"。古维多利亚湖与基伍湖之间的四座火山已经变成了死火山，而尼拉贡戈火山和尼亚姆拉吉亚火山现在仍然十分活跃，是名副其实的活火山，熔岩喷射可高达 25 千米 ~ 30 千米。

维龙加国家公园所跨海拔相差很大，从海拔 798 米的赤道森林到海拔 5 119 米的鲁文佐里山顶，大幅度的海拔高度差使得这里的生态环境多种多样。园内既有遍布芦苇和纸草的沼泽地，又有生长乔木、灌木的萨瓦纳草原，另外还有熔岩平原、山地森林、竹林和荒野，因此这里历来都被人们称为"非洲缩影"。园内还有硫质喷气孔以及温泉等独特景观。

小百科

刚果河是非洲第二长河，东源自赞比西河，向南流经金沙萨，注入大西洋。其长约四千七百千米，在非洲仅次于尼罗河。其流域面积仅次于南美洲的亚马孙河。河流几乎全部靠雨水补给。

世界国家地理图鉴
SHIJIE GUOJIA DILI TUJIAN

美 洲

地理图鉴

加拿大

加拿大
国名：加拿大
首都：渥太华
面积：998.47 万平方千米
官方语言：英语、法语

加拿大是一个面积广阔的国家，它北靠北冰洋，多处在寒带地区，因此气候寒冷。但其国内自然风光优美，有壮观的冰川，有多样的动植物，有无数的名胜。所有的一切构成了神奇的加拿大。

加拿大位于北美洲北部，东临大西洋，西濒太平洋，西北部邻美国阿拉斯加州，南接美国本土，北靠北冰洋达北极圈以内。其海岸线长达二十四万多千米，加拿大是世界上海岸线最长的国家。它的东部气温稍低，南部气候适中，西部气候温和湿润，北部为寒带苔原气候。加拿大湖泊众多，拥有全世界 1/7 的淡水量。除了与美国相连的五大湖，加拿大还有众多河流，其中注入北冰洋的马更些河是加拿大第一长河，在北美洲位居第二；源于加拿大境内落基山脉西麓的育空河，为北美洲第三长河。加拿大是一个雨雪量都非常丰富的国家，林木和农作物都能得到充足的水分，因而生长得茂密繁盛。而其境内变化多端，光彩夺目的雪峰景色更是举世闻名。加拿大是西方七大工业国家之一。

渥太华

渥太华位于安大略省东部与魁北克省交界处，渥太华河下游南

加拿大首都渥太华

岸，与魁北克省隔河相望。该市是世界上最寒冷的首都之一，最低气温曾达 - 39℃。然而春天一来，整个城市就会布满色彩艳丽的郁金香，把这座都城装扮得格外美丽，因此渥太华有"郁金香城"的美誉。据气象部门统计，渥太华每年约有八个月的夜晚温度在0℃以下，故也有人称其为"严寒之都"。

渥太华是加拿大的首都和政治文化中心。作为加拿大的第四大城市，无论从城市规模还是国际知名度来看，渥太华都比不上多伦多、温哥华和蒙特利尔，但独特的文化个性、优美的城市风光、闲适的生活情趣，使渥太华不仅受到加拿大人民的青睐，而且成为世界人民最向往的旅游观光城市之一。渥太华气候异常寒冷，冬季十分漫长，冰上运动十分发达。

温哥华

温哥华位于不列颠哥伦比亚西南沿海的伯拉德湾和菲莎河口的三角洲之间，是加拿大西岸最大的港口城市，有"太平洋门户"之称。温哥华背靠海岸山脉，面向乔治亚海峡。虽然这里纬度较高，但因有北太平洋暖流经过，再加上东部连绵的落基山脉阻挡了美洲大陆来的寒冷干燥气流，所以冬季一般不常降雪，港口不结冰。与加拿大其他地区不

同，这里夏季温度一般都在 20℃左右，而冬季温度也一般都保持在 0℃以上。这里绿树成荫，风景如画，可谓是一个富饶的绿色住宅城市。这个世界著名的旅游城市，多次被联合国评为"最适宜人类居住的城市"。沿海岸线而筑的街道独具特色，市内建筑设计别致，徜徉其中，感觉清爽无比。温哥华是个空气清新的城市，卓越的生活品质令人们赞叹不已。那里盛行帆船、垂钓、远足、冬季滑雪等运动。

温哥华外围尽是得天独厚的自然景致，乘车由大街出发，仅 30 分钟，便可看见大平原。踏在草原上，顿觉心胸开阔。想置身于繁华大街，而又想亲近大自然的话，温哥华是一个很好的去处。

温哥华旅游景点众多，包括史丹利公园，加拿大最长的桥梁——狮门大桥，著名的"五帆"建筑——加拿大广场、伊丽莎白皇后公园、格拉斯山、卡佩兰奴吊桥、唐人街以及 2010 年冬奥会滑雪举办场——韦斯勒滑雪场等。

温哥华有美丽的风光、完善的交通网络以及无穷无尽的精彩活动，因而它被选为 2010 年冬季奥林匹克运动会的主办城市。来自世界各地的选手和观众到温哥华齐聚一堂，一同庆祝冬季奥运会和伤残人奥运会这两项国际盛事。

 小百科

因纽特人生活在寒冷而荒凉的北极圈内，称得上是世界上最耐寒的民族。最为神奇的是他们的房屋是用冰块建成的，并且不易倒塌。由于接受了现代文明，因纽特人已迅速步入现代社会。

地理图鉴

美 国

美国

国名：美利坚合众国

首都：华盛顿

面积：937.26 万平方千米

官方语言：英语

美国是一个非常发达的国家，有许多魅力四射的城市，像纽约、旧金山、华盛顿等，这些城市是许多人梦想中的天堂。美国也有奇秀的自然风光，有众多的国家公园，吸引着各大洲的游人。

美国是一个幅员辽阔的国家，国土的主要部分位于北美洲的中部，领土还包括北美洲西北部的阿拉斯加和太平洋中部的夏威夷群岛。北与加拿大接壤，南靠墨西哥湾，西临太平洋，东濒大西洋。美国地势东、西高，中央低，主要山脉为南北走向。东部是阿巴拉契亚山脉构成的古老山地和大西洋沿岸平原及墨西哥湾沿岸平原；西部是科迪勒拉山系构成的广大高原和山地，包括东侧落基山脉、西侧内华达山脉和海岸山

美国充满浓郁现代气息的城市建筑

岭。全国最高峰为阿拉斯加的麦金利峰，海拔 6 194 米。美国东北部的五大湖苏必利尔湖、密歇根湖、休伦湖、伊利湖和安大略湖，为世界最大的淡水水域，素有"北美地中海"之称。苏必利尔湖为世界最大的淡水湖，面积在世界湖泊中仅次于里海而居世界第二位。在伊利湖和安大略湖之间，有著名的尼亚加拉瀑布。

华盛顿

美国首都华盛顿，全称"华盛顿哥伦比亚特区"，是为纪念美国开国元勋乔治·华盛顿和发现美洲新大陆的哥伦布而命名的。华盛顿位于马里兰州和弗吉尼亚州之间的波托马克河与阿纳卡斯蒂亚河汇流处，20世纪以来建设为现代化城市。华盛顿是美国的政治中心，白宫、国会、美国最高法院以及绝大多数政府机构均设在这里。国会大厦建在被称为"国会山"的全城最高点上，它是华盛顿的象征。这座乳白色的建筑有一个圆顶主楼和相互连接的东、西两翼大楼，美国国会参众两院都在国会大楼里办公。白宫是一座白色大理石圆形建筑，是华盛顿之后美国历届总统办公和居住的地方。椭圆形的美国总统办公室设在白宫西侧房间内，南窗外边是著名的"玫瑰园"。白宫正楼南面的草坪是"总统花园"，美国总统常在这里举行欢迎贵宾的仪式。国会大厦和白宫之间有"联邦三角"建筑群，其中包括联邦政府机构以及国家美术馆、国家档案馆、泛美联盟、史密森国家博物馆和联邦储备大厦等。华盛顿面积最大的建筑是位于波托马克河河畔的美国国防部所在地——五角大楼。

费城

费城全称"费拉德尔菲亚"，是美国宾夕法尼亚州东南部的大工商业城市。它临特拉华河，隔河与新泽西州的卡姆登相望。费城是美国的古都，也是第四大城市。随着岁月的流逝与工业的发展，费城的重要已逐渐褪色，但是在 18 世纪中叶，费城却是起草与签署《独立宣言》的地方，第一次和第二次大陆会议均是在此召开的。而美国的宪法草案也是在费城起草和签署的。绿意盎然的费城，每年吸引全美各地不计其数的游客，他们都是专程前来参观美国的诞生地的。

纽约

纽约有很多华人，在那里甚至可以用汉语去说话，那是在其他地

方找不到的一种感觉。

纽约的饮食业很发达，海鲜、日本料理，各种各样的食品在那里应有尽有，非常美味。

虽然大多数街道是杂乱和拥挤的，虽然地铁里破旧得几乎不堪入目，虽然街头人们表情冷漠毫不客气，汽车喇叭声此起彼伏毫不犹豫，但纽约还是那样迷人。

在纽约，每个人都只是个小人物，没有人介意别人的所作所为，然而人们又一定会找到属于自己的一小片天空，属于自己的生活。在那里，每个人都是自由的、无拘无束的。纽约不仅属于纽约人，更属于全世界。各色人种，各类阶层，太多太多的移民和过客，没有什么人是纽约真正的主人，自然也没有真正的客人。

在纽约，没有人在意别人怎么想，没有什么东西是唯一的，每个人都尽可以自由大胆地做自己想做的事，拥有自己的意见，畅所欲言，天马行空，让更多的人欣赏其独特见解和与众不同。

纽约虽乱，但却有着自己的规则，掌握了它的节奏和规则，便可以在纽约游刃有余地生活。比如地铁，初到纽约的人一定会被它的错综复杂搞得晕头转向，但是找上一张附地铁站点的地图，就会发觉这里的地铁四通八达，转乘方便，只要找对站点，便丝毫不必担心周折。

纽约的物质生活十分丰富，在纽约可以找到世界顶级的名牌商品，也可以看到街边摊贩兜售的假包、假香水和DVD；在纽约可以尝

纽约是一个经济高度发达的城市

遍世界美食，也可以在不起眼的街角尝到各色小吃；这里有世界上最密集的"钢筋森林"。这里有展示世界文化瑰宝的艺术品博物馆和世界一流的艺术家，但也有街边墙角随意的个性涂鸦和街头地铁站或精致或粗陋的露天表演。当然纽约有富得令人难以置信的特权阶层，但更多的还是在各个角落里讨生活的各色小老百姓。所以纽约是个有趣的地方，看那么多不同的人、那么多不同的事情混杂在一起，看似毫不相干、格格不入，但却形成了纽约的独特气质，任何其他地方都模仿不来的气质，正是这种气质，可以海纳百川，包容万象，把全世界勇于创新的人们不断集中到这里。

纽约这个城市本身并不年轻，但是它充满了变化，充满了活力，充满了新鲜。有人说纽约就像是人人心里的一个梦，所有的人都看不到它的真貌，却仍然为这个梦着迷。

夏威夷群岛

太平洋中部，海天一色、浩瀚无际，美丽的夏威夷群岛便坐落在这里。群岛由夏威夷、毛伊、瓦胡、考爱、莫洛凯等8个较大岛屿和一百多个小岛组成，这些群岛似一串光彩夺目的珍珠，散布于上面白云悠悠、下面辽阔碧蓝的大洋上，熠熠生辉。夏威夷群岛曾被美国著名作家马克·吐温称赞为"大洋中最美的岛屿"和"停泊在海洋中最可爱的岛屿舰队"。夏威夷不仅有海浪、沙滩、火山、丛林等自然之美，而且因地处太平洋中央，是美、亚、澳大陆的海空交会中心，具有十分重要的战略地位，故而又被称为"太平洋的十字路口"。

夏威夷处于热带地区，但四周有海洋环绕，所以气候温暖湿润，四季如春，雨量丰沛，阳光充足，林木茂盛，各种热带植物争奇斗艳。优美的海湾，起伏的青山，构成了夏威夷的美丽景致，由此使其

美丽的夏威夷岛

成为世界上著名的风景胜地。夏威夷岛上火山喷发的景象最为壮观。夏威夷的八大岛就是因火山爆发把大陆推出海面而形成的火山岛，至今这些火山仍有活动。与具有优美的圆锥体形的日本富士山迥然不同，夏威夷火山呈平缓的穹隆状，是盾形火山的典型代表。这类火山由于喷发出来的是流动性较大的富含镁、铁成分的基性熔岩，虽然喷发活动较为频繁，却颇为"文静"，并不会产生强烈的爆炸和大量的喷发物，有利于观赏。

夏威夷群岛的首府火奴鲁鲁，又被称为檀香山，因为这里早期曾是檀香木的故乡。坚实而芬芳的木质招来世人贪婪的砍伐，使其近乎绝迹，仅留下了一个名不副实的美丽而动听的中国式地名。

夏威夷是著名的旅游度假胜地，其中最有吸引力的莫过于海滨浴场。而怀基基海滩，在浴场中最热闹，最为著名。海滩远处碧海蓝天，白云悠悠，近处椰林婆娑，浪花翻滚，令人心旷神怡。怀基基海滩以巨浪闻名，相传当年土著国王和酋长们经常在此举行冲浪比赛，冲浪运动便由此发端走向世界。

欧胡岛最佳的浮潜区是恐龙湾，在这里，游客可以体验到夏威夷最佳旅游景点的独步全球的浮潜运动。火山口经过时间的侵蚀，在弯月形的海湾形成了遮荫地带，清新的沙滩和独特的自然美景使这片自

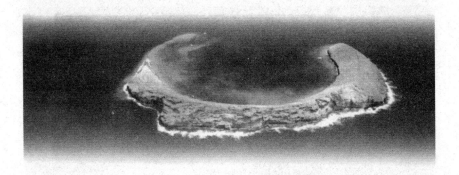

然生态保护区闻名遐迩。

　　清澈透明的海水，艳丽的阳光，和煦的微风是游人对恐龙湾的第一印象。恐龙湾原本是一个火山口，在地面不断上升以及海水日益侵蚀之下，终于形成了一个缺口，而这美丽的缺口竟成为人们津津乐道的特殊景观！

　　在欧胡岛东北角的谷兰尼牧场上，有很多活动可供游人选择：坐越野车、骑马、潜水、浮潜、骑水上摩托车及实弹射击活动等。如果你喜欢探险，这里应该是最佳选择。

 小百科

　　洛杉矶在西班牙语中意为"天使城"。它濒临太平洋，位于美国西海岸的南方。这个三面环山，一面倚水的城市，春光明媚、气候宜人，自然景物富于变化。位于其市郊的好莱坞电影城更是世界著名的电影工业中心。

地理图鉴

墨 西 哥

墨西哥
国名：墨西哥合众国
首都：墨西哥城
面积：196.44 万平方千米
官方语言：西班牙语

墨西哥是美洲文明的中心地区之一，国内有许多古城和文化遗迹：古印第安人建造的城市特奥蒂瓦坎，后来神秘衰落；玛雅人曾经居住过的帕伦克古城，也神秘地消失……

墨西哥是拉美第三大国，为中美洲最大的国家。它位于北美洲南部，拉丁美洲西北端，是南美洲、北美洲陆路交通的必经之地，素有"陆上桥梁"之称。国内著名的特万特佩克地峡将北美洲和中美洲连成一片。墨西哥境内多高原和山地。墨西哥高原居中，两侧为东、西

墨西哥城中洋溢着古老文明的气息

马德雷山，以南是新火山山脉和南马德雷山脉，东南为地势平坦的尤卡坦半岛，沿海多狭长平原。全国最高峰奥里萨巴火山，海拔 5 610 米。国内主要河流有布拉沃河、巴尔萨斯河和亚基河。湖泊多分布在中部高原的山间盆地，其中最大的湖是查帕拉湖，面积 1109 平方千米。墨西哥气候复杂多样。沿海和

东南部平原属热带气候，西北内陆为大陆性气候。因墨西哥境内多为高原地形，冬无严寒，夏无酷暑，四季万木常青，故享有"高原明珠"的美称。

墨西哥广场

墨西哥城

墨西哥城是墨西哥的首都，位于墨西哥中南部高原的山谷中，海拔2 240米。该城是墨西哥第一大城市，城市面积达1 500平方千米，人口多达一千八百多万。它集中了全国约1/2的工业、商业、服务业和银行金融机构，是全国的政治、经济、文化和交通中心。墨西哥城的古老历史可以追溯到印第安人时期，在它的创建者阿兹特克人的语言中，"墨西哥"是由"墨西特里"演变而来的，意为"太阳和月亮之子"。如今的墨西哥城，既保留了浓郁的民族文化色彩，又是一座绚丽多姿的现代化城市。改革大街与起义者大街是城内的两条主要干道，以东西—南北向贯穿全城。美丽宽敞的街道旁，银行、酒店、餐厅、剧院、夜总会等鳞次栉比，一幢幢风格迥异、精致豪华的别墅掩映在绿树浓荫中。

墨西哥城内有许多名胜古迹，其中以古代阿兹特克文化遗迹较为著名。除此之外还有兴建于西班牙殖民时期的、富有欧洲风格的建筑以及独立后兴建的高楼大厦等。这些人文景观交相辉映，构成了一幅真实反映墨西哥民族历史的长篇画卷。长方形的市区以方格状对街道进行合理布局规划，著名的纵贯南北的起义者大街与绿树成荫的改革大街在市中心交会。代表民族精神的独立纪念碑和一尊尊名人塑像巍然耸立在街心和道旁。这些塑像风格各异，造型精美，惟妙惟肖。塑像有发现美洲大陆的探险家哥伦布，有拉美独立运动领袖玻利瓦尔等著名人物。

特奥蒂瓦坎古城

特奥蒂瓦坎古城建于公元前2世纪，位于墨西哥首都墨西哥城东北约四十千米处。

古城因其布局严谨、规模宏大、中心突出而举世闻名。作为主要干道的"死亡大道"长4 000米、宽45米。因当时祭司从这条路上将活人送往神殿祭神，这条路便成为牺牲者最后一段人生之路，"死亡大道"由此而得名。

坐东朝西的太阳金字塔的正面有数百级台阶，沿着这些台阶上行，可直达顶部。金字塔建在长225米、宽222米的塔基之上，高66米的塔共5层，体积达100万立方米。太阳金字塔上，原有一座以活人祭祀太阳神的太阳庙，但如今已不复存在了。

位于"死亡大道"北端的月亮金字塔，共分4层，高45.79米，全塔体积为37.9万立方米，是当时祭祀月亮神的圣殿。蝶鸟宫是当时全城最华美的建筑。整座宫殿呈方形，每边长440米，宫内有4座金字塔形神庙。在宫内方柱上，还刻有惟妙惟肖的蝶翅鸟身像，这些浮雕充分展示了匠师们高超的艺术水平。

城堡之中原来还有羽蛇神庙，但今天仅有庙基存留下来。在庙基斜坡上，现在仍可见栩栩如生的羽蛇神头。月亮金字塔南面是宗教上层人物和达官贵人的住所——蝴蝶宫，这是一座富丽堂皇的宫殿建筑。宫殿下发掘出海螺神庙古迹，其墙壁上饰有美丽的羽毛。整个古城遗址里，地下排水系统纵横交错，密如蛛网，充分显示了当时排水技术的高超。

特奥蒂瓦坎古城

帕伦克古城及历史公园

帕伦克古城及历史公园位于墨西哥东南的恰帕斯州，总面积约为十七平方千米。这里潮湿多雨，其原始森林中，遍布着茂盛而葱郁的树木，最高的树木达三十多米，野生动物种类繁多，而且很多都是中美洲特有的品种。

帕伦克古城中的碑铭神庙

帕伦克古城从公元前 1 世纪开始就已是美洲著名的城市。城市的发展在公元 600 年—700 年更是达到了顶峰，城市建筑规模不断扩大，神庙、宫殿、广场、民宅等宏伟壮观的建筑相继建立，形成了整个城市的大致规模。

帕伦克王宫由四座庭院构成，宫室建在了庭院四周，迂回曲折的走廊把宫室连成整体，一座四层方塔巍然屹立于西南庭院中，宫室内壁上刻有各种人物浮雕，有的房间还存有古代蒸气浴设备。

伯爵神庙的台基呈金字塔形，共为三层，其外形仿照太阳神庙的建筑形式，在其石柱、墙壁及屋脊上均以灰泥浮雕作装饰，使整个神庙宏伟典雅。

乌斯玛尔古城中的金字塔

乌斯马尔古城遗址

　　乌斯马尔古城遗址地处群山谷地中的圆形平原上，距尤卡坦州首府梅里达城约七十九千米。11世纪—13世纪是乌斯马尔古城的繁盛时期，这座城市也是玛雅文化鼎盛时期的代表性城市，世界最著名的古代文明之一——玛雅文明于公元4世纪—9世纪达到全盛。古城约建于公元987年—1007年，在1441年被废弃。因为这里是玛雅人图图尔西乌族的故乡，因而这里也成为玛雅三大文化中心之一，并遗留下来许多代表古玛雅建筑艺术的著名建筑。乌斯玛尔古城规模雄伟，南北长约一千米，东西长约六百米，它继承了玛雅文化传统，宏伟壮观同时又富于变化。古城里建造了南神殿、命子宫、鸽子宫、总督宫等重要建筑。总督宫建于两层高大基台之上，其西面墙上环绕着蒲克式的石雕饰带，高三米多的饰带总面积达627平方米，共计有150个羽蛇神面具图案刻于饰带之上。在总督宫基台上的西北角还建有乌龟宫，宫殿北面则建有球场、祭司住所和魔术师金字塔。这些典型的古典建筑将各个时期不同风格的建筑艺术完美地融合在一起，从而成为美洲文明建筑艺术的代表。

莫雷利亚历史名城中的圣弗朗西斯教堂

 小百科

　　墨西哥堪称"仙人掌之国"，在平原、高原或丘陵到处都可见到仙人掌。世界上的仙人掌有一千多个品种，其中六百多种可以在这里见到。在墨西哥，仙人掌不仅是观赏植物，而且是有多种用途的经济作物。

地理图鉴

哥伦比亚

哥伦比亚

国名：哥伦比亚共和国

首都：圣菲波哥大

面积：114.17万平方千米

官方语言：西班牙语

哥伦比亚是一个位于南美洲的江山多姿、风光绮丽的热带国家，自然资源非常丰富。哥伦比亚出产的咖啡享誉世界，这里还有许多古迹名城，古老的文明在这里生生不息地传承着。

哥伦比亚位于南美洲西北部，东邻委内瑞拉、巴西，南接厄瓜多尔、秘鲁，西北角与巴拿马接壤，北临加勒比海，西濒太平洋，是一个自然风光优美的国家。哥伦比亚的西部除沿海平原外，为西、中、东三条平行的科迪勒拉山脉构成的高原，山间有宽阔的盆地，南部有一系列火山锥，西北部为马格达莱纳河下游冲积平原，水道众多，湖沼广布。哥伦比亚的东部为亚马孙河与奥里诺科河上游支流所形成的冲积平原，约占全国总面积的2/3。哥伦比亚地处热带，气候因地势而异。平原南部和太

哥伦比亚现代建筑

平洋沿岸属热带雨林气候，向北逐渐转为热带草原气候。

圣菲波哥大

　　圣菲波哥大是哥伦比亚的首都，位于东科迪勒拉山脉西侧的苏马帕斯高原的谷地上，海拔为 2 640 米，虽然靠近赤道，但因地势较高，气候凉爽，四季如春；城市近郊山岭环绕，林木苍翠，景色壮丽，是美洲大陆上著名的旅游胜地。由于圣菲波哥大景色秀丽，四季如春，名胜古迹众多，因此被誉为"南美的雅典"。城内的古老教堂众多，有著名的圣伊格纳西奥教堂、圣弗朗西斯科教堂、圣克拉拉教堂、贝拉克鲁斯教堂等。

卡塔赫纳港口、城堡和古迹群

　　位于哥伦比亚北部玻利瓦尔省的卡塔赫纳港口、城堡和古迹群距首都圣菲波哥大西北约六百五十千米。

　　卡塔赫纳湾是南美大陆西部加勒比海沿岸的天然良港，也是通向南美内陆的重要通道。16 世纪中期开始，西班牙殖民者把卡塔赫纳湾当作南美殖民地最重要的港口之一，他们每年都会从这里运走大量的白银、黄金、烟草、可可豆以及珍贵木材和香料。

　　卡塔赫纳城始建于 1533 年，到 16 世纪末城内开始修建城墙，并在格兰德湖入口处建起了圣马蒂阿斯港的要塞。

卡塔赫纳港口

卡塔赫纳城的市中心即为圣佩德罗遗址，这里仍有过去的教会和古老建筑群遗留下来。在卡塔赫纳市中心广场上，有一座纪念南美独立战争中著名领袖玻利瓦尔的塑像。

旧城的建筑物具有典型的西班牙风格：建筑一律是二层和三层，墙壁厚实，底层有高大的落地窗，窗棂上的细铁条构成了各种图案；阳台上则全是雕刻各种精巧花纹的木制栏杆；在住宅外面，都有绿草如茵的庭院。著名的"宗教裁判所宫"是一幢装饰富丽堂皇的建筑，在建筑物内外都刻着花草和人物的精美图案，具有典型的巴洛克风格。

小百科

世界上最大的金器博物馆——黄金博物馆坐落在圣菲波哥大市中心的圣坦德尔公园内。该馆收藏了约三万件16世纪前近两千年的印第安人制作的精美绝伦的金制器物。

地理图鉴

秘 鲁

秘鲁
国名：秘鲁共和国
首都：利马
面积：128.52 万平方千米
官方语言：西班牙语

秘鲁是美洲大陆上有悠久历史的文明古国，古城库斯科曾是印加帝国的都城，城中的古建筑众多，吸引了众多的游人。神奇的纳斯卡巨画，更有世界奇迹之称。

秘鲁位于南美洲西部，西临太平洋，面积非常广阔。

秘鲁境内东部是亚马孙平原，中部是安第斯山地，西部为沿海沙漠区。秘鲁的气候特征为热带气候。

秘鲁有很多名胜古迹，其中库斯科谷地是古代印加帝国的所在地。在海拔 2 430 米的山顶建有称为"空中之城"的马丘比丘。有"世界第八大奇迹"之称的神奇的纳斯卡巨画也位于秘鲁境内。此外，秘鲁还有利马古城、马努国家公园等旅游胜地。

利马

利马在印第安盖丘亚语中的意思为"会说话的神像"。西班牙殖民者弗朗西斯科·皮萨罗在这里建立了殖民据点，这就是利马城最早的雏形。1550 年，城市开始繁荣，修建了漂亮的房屋和宽阔的街道，城中心还出现了商店。但这个繁荣的城市在 1746 年的大地震中被毁掉了。很快，一座新城在废墟上重建起来。到 1821 年秘鲁独立后，

利马成为秘鲁的政治、经济、文化中心。

老城有许多殖民统治时期的建筑。狭窄的街道、低矮的房屋，从西北向东南与里马克河平行。老城里有许多广场，它的中心是"武器广场"，从广场辐射出通向城市各个角落的一条条道路。广场东侧的天主教堂建于17世纪，现已进行了多次重修，这是利马市唯一保持浓厚西班牙建筑风格的教堂。广场周围还有1938年建造的总统府、1945年建造的利马市政大厦等许多高大建筑。广场东北方向是风光优美的阿拉梅达公园。从广场向西南行，经过最繁华的商业中心乌尼昂大街（团结大街），可以到达首都的中心地区——圣马丁广场。广场上高高矗立着民族英雄圣马丁将军的骑马塑像，他曾在美洲独立战争中屡建奇功。广场中间还有古栈道等大片遗迹。

库斯科城

库斯科城坐落在秘鲁东南部的库斯科省。

"库斯科"在盖丘亚语中意为"世界的中心"。城市海拔3 410米，居高临下，崇山峻岭、葱茏林木环绕四周。城市气候凉爽怡人，因此又有"安第斯山王冠上的明珠"之称。

库斯科城是当时的印加帝国初期皇帝曼科卡巴克于11世纪兴建

库斯科城中的印加文明遗址

的，后发展成为印加帝国的政治、文化及宗教中心。1533 年 11 月 15 日，西班牙殖民者攻破该城，城市遭到严重破坏。后来虽经殖民者重建，城市又一次毁于 1650 年的大地震，后来西班牙人按巴洛克风格再建了此城，并逐渐把这里作为艺术中心。后来，库斯科因首都利马的兴起而渐渐衰落下去。

在库斯科城内，至今还保存着印加帝国时代的街道、宫殿、庙宇和房屋等建筑，城中心的武器广场正中，耸立着一位印第安人的全身雕像，而西班牙式的拱廊和四座天主教堂则环绕在广场四周。广场东北是建在高耸的金字塔顶的太阳神庙、月亮神庙和星神庙。广场东南是左右对峙的蛇神殿和太阳女神

大厦的墙壁遗迹。广场西南的欢庆广场是欢庆帝国军队凯旋的场所，当地人称之为"库西帕塔"。在两个广场附近，是陈列印加帝国时期的陶器、纺织品、金银器皿和雕刻碎片等的考古博物馆，城中还有 1692 年建立的大学。而世界闻名的举行"太阳祭"的萨克萨瓦曼圆形古堡，则位于距库斯科城 1.5 千米处。

 小百科

利马是秘鲁的首都，号称"世界不雨城"，年降水量仅 31 毫米。作为古代印加帝国的所在地，其悠久历史为利马留下众多名胜古迹。利马曾富甲南美，从保留下来的古建筑的恢宏结构、精巧造型就可见一斑。

地理图鉴

玻利维亚

玻利维亚
国名：玻利维亚共和国
首都：苏克雷
面积：109.86 万平方千米
官方语言：西班牙语

玻利维亚因处在美洲内陆，因此有"高原之国"的美誉。玻利维亚是一个矿产资源丰富的国家，工业以矿产业为主。玻利维亚的首都苏克雷是历史悠久的古城，也是世界上地势最高的首都。

玻利维亚位于南美洲的中部，是一个典型的内陆国家。

玻利维亚的地势西高东低，西部是玻利维亚高原，中部是河谷盆地，东部为亚马孙河冲积平原，约占国土面积的3/5。

玻利维亚古迹众多，其首都苏克雷是历史悠久的古城，城内保留了不少殖民地时代的古老建筑。其他像波托西等古城也颇具特色。

苏克雷历史名城

苏克雷历史名城坐落在玻利维亚的法定首都苏克雷。

苏克雷城得名于玻利维亚第一任总统苏克雷。苏克雷原是一名将军，因功勋卓著而当选为玻利维亚的第一任总统。1839 年，城市苏克雷被定为玻利维亚的首都；1898 年，玻利维亚政府又将其确认为法定首都。

1825 年，玻利维亚在苏克雷城的"自由之家"举行了独立仪式。

"自由之家"建于1701年，是一座拥有中庭和美丽回廊的建筑物。"5月25日广场"是城市的中心，广场上的一座白色的气派的建筑就是总统府，府内侧廊设有一个圣母小礼拜室，安放着一座用宝石和珍珠装饰的圣母像，被誉为"南美洲价值最高的宗教艺术珍品"。

苏克雷历史名城

建于1538年的圣拉萨罗教堂是苏克雷历史名城中最古老的教堂，以砖和麦秆为建筑材料。而建于1601年的拉·莱可莱塔修道院则是城里最古老、最美丽的修道院。

银都波托西

坐落在玻利维亚高原东部的波托西山麓的银城波托西，海拔四千多米，由于这里在16世纪—20世纪初是玻利维亚最大的银矿产区，因此被称为"银都"。

1545年，西班牙殖民者在波托西附近的里科山发现了丰富的银矿后，强迫当地人修房开矿，城市逐渐形成，当时建有土炉近六千座，出产的银产量约占世界银产量的50%。

殖民者最初主要采炼该地区的表层银矿，后来由于毫无节制地开采，使表层银产量急剧下降，该地区的经济发展也受到了沉重打击。后来托勒多任总督，采用先将矿石磨碎成粉末，再与汞混合的银矿石加汞的工艺技术来采炼银矿，并下令用驼羊运输产品，经过安第斯山

银都波托西

间小道运往阿里加港口，最后运到巴拿马。托勒多还下令在高处筑坝蓄水并修造巨大的水闸，以满足水动破碎机的需要，当时安装的水动破碎机多达 130 台，至今仍有二十多台保存完好。

波托西城的建筑依地势高低起伏而建，市区由一座西班牙建筑风格的中心城和 14 片住宅区组成，城市内有 25 座散布各处的教堂，其中，建于 16 世纪的圣多明各教堂是最著名的一座。

 小百科

玻利瓦尔是 19 世纪初美洲独立运动领导人，也是玻利维亚的建立者。他与圣马丁会面后，承担并完成解放秘鲁的重任。他在建立南美资产阶级共和政权方面做出重大贡献，成为伟大的"南美解放者"。

地理图鉴

智 利

智利
国名：智利共和国
首都：圣地亚哥
面积：75.66 万平方千米
官方语言：西班牙语

智利是一个国土狭长的国家，有多样的自然景观，但智利最为著名的还是复活节岛的石像，那些面朝大海，表情淡漠的神秘石像，给人们留下了无数谜团。

智利位于南美洲西南部，西临太平洋，狭长的国土宛如一位体态修长的仙女横卧在巍峨的安第斯山脉和浩瀚的太平洋之间。

智利的国土轮廓狭长，南北长四千二百多千米，东西宽 90 千米~400 千米，是世界上国土最狭长的国家。智利境内多火山，地震较频繁。气候类型多样，南部为温带海洋性气候，中部为亚热带地中海型气候，北部为沙漠气候。

智利的自然景观多姿多彩，各具特色。南部有众多火山，山顶有皑皑积雪，火山周围有美丽的冰川湖泊环绕。而位于太平洋东南部的复活节岛被称为"石像的故乡"。

复活节岛国家公园

面积 117 平方千米的复活节岛国家公园坐落在太平洋上，每年都有很多游客到此游玩。

1722 年 4 月 16 日，探险航海家洛加文发现了这座岛屿，岛上居

住的是长耳族土著居民。由于洛加文正巧在复活节那天登陆，于是将这座岛命名为"复活节岛"。

复活节岛还有"石像的故乡"之称。岛上分布着一千多尊巨大的半身人面石像。这些石像有的分布在拉拉库火山古采石场上，有的则整齐地排列于滨海的石砌平台上。这些平台长 90 米，高 4 米，每座平台上立着的石像数量不一，有的排列着 4 尊~6 尊，有的多达十五六尊。这些石像都极为高大，高 6 米~20 米，重达 30 吨~80 吨，一尊高约二十四米、重 350 吨的石像是其中最大的石像。这些高鼻梁、凹眼窝、窄额头的石像个个昂首挺胸，面对大海，若有所思地凝望远方，似有期待。这些石像大多由凝灰岩雕凿而成，气势宏大而雄伟。

在当时的条件下，古人是如何将这些巨大的石像运送并安放到这里，至今仍没有一个令人信服的解释。

位于附近的拉拉库火山分布着四十多个神秘的洞穴。此外还有许多尚未完成的雕像。岛南部的奥龙戈地区矗立着一块大石头，石头上刻着的象形文字迄今无人能解。石头附近还立着一尊鸟人像。此外，岛上原来还有许多刻有图案和文字的木板，但这些木板据说都被一些传教士烧掉了，原因是他们认为木板上的文字是一种诅咒，因此，现在这些木板都已荡然无存，徒留遗憾。

复活节岛

每年 8 月 ~ 10 月，黑海燕飞到莫多努伊岛产卵繁殖，每到这个时候，岛上各部落都会选派一名农夫出身的勇士去岛上拿海燕蛋然后迅速游回复活节岛。哪个部落的勇士第一个游回，人们便把他所属的部落酋长命名为"坦加塔·玛努"，即"鸟人"，这位酋长就成为全岛的领袖，对全岛拥有一年的统治权。

火地岛

火地岛是南美洲最南端群岛的主岛，这座岛形如三角形，隔着麦哲伦海峡与南美大陆相望，群岛总面积 73 746 平方千米。

1832 年—1836 年，著名的英国生物学家达尔文随英国皇家海军考察船"比格尔"号对南美大陆和太平洋诸岛进行了详细考察，这为达尔文创立生物进化学说奠定了基础。他当时还考察了火地岛，对当地的动植物和处于原始野蛮阶段的火地岛人进行了深入研究，火地岛因而声名远扬。

1880 年后，火地岛开始发展牧羊业。岛上发现金矿后，阿根廷和智利开始向这里移民。

火地岛有复杂多变的地形，北部地势低平，属冰川地貌。火地岛西部、南部及群岛都是由安第斯山脉延伸而来的，群峰海拔均在 2 100 米以上。其中，萨米恩托峰海拔 2 300 米，达尔文峰海拔 2 438 米。此外，岛上遍布高山冰川，气候寒冷。

凭着其特殊的自然条件和人文景观，火地岛吸引了无数游客，是著名的观光游览胜地。

小百科

圣地亚哥是智利的首都和南美第四大城市，也是一个著名的宗教城市，被誉为智利的朝觐圣址。这里不仅风景秀丽，而且矿产资源丰富，尤以铜和硝石产量最大，有"铜都"的美誉。

地理图鉴

巴 西

巴西
国名：巴西联邦共和国
首都：巴西利亚
面积：851.42 万平方千米
官方语言：葡萄牙语

巴西是南美洲面积最大的国家，境内有世界上流域面积最广、流量最大的亚马孙河自西向东流过，广阔的热带雨林使巴西成为世界知名的"森林王国"。巴西的足球、巴西的狂欢节都闻名于世。

巴西位于南美洲东部，东临大西洋，是南美洲面积最大、人口最多、经济最发达的国家。巴西的地形以平原和低缓高原为主，全境地势比较平坦。亚马孙平原占国土面积的 1/3，巴西高原占 1/2，北部边界是圭亚那高原，南部是巴拉圭低地。气候属于典型的热带气候。巴西国土辽阔，名胜古迹不胜枚举。欧鲁普雷图、奥林达等都是有名的古城。亚马孙地区森林茂密，河网密集，以秀丽而独特的热带雨林风光吸引了大量的游客。巴西还是世界公认的狂欢节之乡，每逢狂欢节时，人们都会无比狂热地跳起桑巴舞。

巴西利亚

巴西中部戈亚斯州高原、维尔德河和马拉尼翁河汇合而成的三角地带上坐落着巴西利亚城，该城地势较高，海拔 1 100 米，虽然位于热带地区，但气候凉爽。巴西利亚与周围 8 个卫星城镇组成联邦区，

巴西利亚的城市建筑

占海地 5 814 平方千米。

历史上，海滨城市萨尔瓦多和里约热内卢都曾经是巴西的首都。为了加快内地开发，总统库比契克决定于 1956 年将都城迁到巴西利亚。1957 年巴西利亚开始兴建，1960 年城市建成。

巴西利亚由新区、老区和工人住宅区三部分组成。

位于人工湖半岛上的新区，状似一架喷气式飞机，非常特别。"飞机头"是国会、总统府、最高法院和政府各部大楼，"机身"是城市的交通主轴，住宅区、商业区、旅馆区构成了"飞机两翼"，"机舱"后部由运动区、文化区组成，"机尾"是为首都服务的工业区和印刷出版区。据说，巴西政府将巴西利亚建成飞机形状，是为了体现其蓬勃发展的时代精神，象征巴西正在起飞，迅速朝前发展。

普拉纳尔迪纳历史中心是老区最著名的建筑，它是联邦区内历史最悠久、规模最大的建筑群。

孔戈尼亚斯的仁慈耶稣圣殿

孔戈尼亚斯的仁慈耶稣圣殿位于孔戈尼亚斯城内，在巴西东南部米纳斯吉拉斯州境内。

1757 年，葡萄牙移民弗里西亚诺·门德斯的重病终于痊愈，他认为是上帝救了他，便许愿修建了这座教堂。1772 年教堂竣工，除了教堂主体外，还有前廊和 7 个跨间，教堂里面有关于耶稣背负十字架赴难场景的雕刻。

仁慈耶稣圣殿殿身通体洁白，主建筑分两层，大门金碧辉煌，殿内的两座塔楼圆顶方体，分列两边，造型美观。大堂的装饰集洛可可式装饰和意大利式大玻璃装饰于一身。圣殿上有座先知像，它是由著名

孔戈尼亚斯的仁慈耶稣圣殿

雕刻家阿列哈丁霍负责制作的。根据耶稣背负十字架赴难为主题制作的雕刻作品位于 7 个跨间内，这些雕刻作品与先知像堪称拉丁美洲基督教艺术的杰作。

 小百科

里约热内卢是巴西第二大城市和经济文化中心。这里风景优美，是世界著名的旅游胜地。主要名胜有耶稣山、面包山和尼特罗特大桥，还有巴西博物馆、拉丁美洲最大的图书馆和世界上最大的足球场。

地理图鉴

阿 根 廷

阿根廷
国名：阿根廷共和国
首都：布宜诺斯艾利斯
面积：278 万平方千米
官方语言：西班牙语

阿根廷是一个经济发达的国家，其境内有巍峨的高山，有曲折的河流，风景秀丽无双。其首都城市布宜诺斯艾利斯风景如画，有"南美洲巴黎"之称，吸引了许多游人。

阿根廷位于南美洲的南部，东临大西洋，漫长的海岸线使其拥有丰富的渔业资源。

阿根廷的地势东低西高，东部和中部是潘帕斯草原，西部是安第斯山脉，南部为巴塔哥尼亚高原。阿根廷的大部分地区属亚热带气候和温带气候。

布宜诺斯艾利斯

布宜诺斯艾利斯是一座拥有四百多年历史的古老城市，它是阿根廷的首都和政治、经济、文化中心，享有"南美洲巴黎"的盛名。布宜诺斯艾利斯在西班牙语中意为"好空气"。它东临拉普拉塔河，西靠"世界粮仓"潘帕斯大草原，风景秀美，气候宜人。布宜诺斯艾利斯是南半球仅次于圣保罗的第二大城市，居民98%为欧洲移民的后裔。这座城市以多广场、街心花园和纪念碑为特色。布宜诺斯艾利斯

阿根廷首都布宜诺斯艾利斯的夜景

有五个主要繁华区。一区以五月广场为中心，是政治和商业区。被称为圣特尔莫区的二区是布宜诺斯艾利斯的发源地和最早的港口。它反映了建城以来各个时期发展的特征，被定为历史文化保护区。宁静的三区离拉普拉塔河很近，这里建有许多博物馆，还有被称为布宜诺斯艾利斯殖民时期建筑之精华的罗马大教堂。四区位于城南海滨，是意大利移民的集居地，这里保留着不少传统习俗。风光秀丽的五区又称为帕莱莫区。这里花草繁茂，湖水如镜，街道宽阔。尤其是玫瑰公园，在春天到来时各种玫瑰竞相开放，色彩斑斓。

 小百科

　　潘帕斯草原位于南美洲南部，一般指阿根廷中东部的大草原。它是阿根廷政治、经济、文化、交通的心脏地区，有布宜诺斯艾利斯、科尔多瓦等主要城市，集中了全国4/5的工业生产和2/3以上的农业生产。

世界国家地理图鉴

SHIJIE GUOJIA DILI TUJIAN

大洋洲

地理图鉴

澳大利亚

澳大利亚
国名：澳大利亚联邦
首都：堪培拉
面积：769.2 万平方千米
官方语言：英语

澳大利亚这个"骑在羊背上的国家"，以其独具特色的自然风景、充满现代气息的大都市风情吸引着世界各地的游人，可爱的袋鼠和憨态可掬的考拉，几乎成了澳大利亚的另一张名片。

澳大利亚是位于南半球南太平洋和印度洋之间的国家，全称澳大利亚联邦。塔斯马尼亚岛和大洋中的一些小岛也属于澳大利亚。

澳大利亚东濒太平洋的珊瑚海和塔斯曼海，大陆地势平缓，东部为山脉和台地，中部为平原，西部则多沙漠和半沙漠。其大部分地区属热带和亚热带气候，且温度适宜。

澳大利亚旅游资源极为丰富：东北海岸有世界上最大的珊瑚礁区，即大堡礁；艾尔斯岩则为世界上最大的峭岩巨石；悉尼歌剧院以其举世无双的建筑风

澳大利亚袋鼠

格而享誉全球。此外，还有人们所熟悉的澳大利亚袋鼠、考拉等稀有动物。

堪培拉

堪培拉是澳大利亚的首都，与其他城市相比，它还是一个年轻的城市。该城位于澳大利亚山区开阔的谷地上，海拔760米。

堪培拉坐落于格里芬湖岸边，是澳大利亚政府、国会及很多外国使馆的所在地。由于四周森林环绕、绿意盎然，且邻近自然风光秀丽的乡村，因此堪培拉作为优雅的现代化都市，更享有"天然首都"的美誉。堪培拉气候温和，四季分明，全年降雨量均衡，四季阳光普照。堪培拉是个与众不同的城市，现代都市建筑不但未破坏附近的环境，而且还与周围环境融为一体。堪培拉到处洋溢着田园气息，是澳大利亚政府所在地，也是亚太地区主要的外交中心之一。总的来说，堪培拉既是世界上一个重要的都市，又与附近的自然环境相融合。在这个城市，人们不会看到突兀和杂乱无章的城市建筑。映入眼帘的是一件件计划周详、具备美感的城市设计杰作。和其他大城市用许多公园点缀相反，堪培拉恍如一个建在花园里的城市。城市中心的格里芬湖喷泉，水柱高达140米，极为壮观。全城树木苍翠，花团锦簇，每年9月，堪培拉都会举办花节，以数十万株花卉迎接春天的到来，因此被誉为"大洋洲的花园城市"。

悉尼

悉尼地处澳大利亚的东南岸，是澳大利亚新南威尔士州的首府，也是该国人口最稠密的城市。悉尼占据了两个地理区域——坎伯兰峡谷和康士比高原。坎伯兰峡谷是一个地势比较平坦，有些起伏的峡谷；康士比高原是海港以北的高原，被草木丛生的溪谷切割。悉尼属于副热带湿润气候，全年都有降雨。

悉尼是澳大利亚的第一大城市，也是澳大利亚商业、贸易、金融、旅游和文化中心。

沐浴在阳光下的悉尼别具一番风味

举世闻名的悉尼歌剧院

悉尼在澳大利亚国民经济中的地位举足轻重，其生产总值占全澳的30%左右。澳大利亚储备银行和澳大利亚证券交易所均设在悉尼，悉尼还是一个国际化的大都市，悉尼机场是澳大利亚主要的航空港之一，2000年悉尼奥运会使悉尼的国际声望和知名度空前提高。悉尼可以旅游观光的地方有很多，比较著名的有悉尼歌剧院、港口大桥、岩石区、环形码头、麦觉里广场等。

小百科

库克船长小屋与菲茨罗伊花园位于澳大利亚墨尔本的惠灵顿大道上。它们是英国殖民者库克船长的故居。他带领舰队发现并登陆澳大利亚，这座石屋是仿其在英国的故居修建而成的。

地理图鉴

新西兰

新西兰
国名：新西兰
首都：惠灵顿
面积：27.05 万平方千米
官方语言：英语、毛利语

新西兰是南太平洋上形似一只倒悬的长筒高跟皮靴的岛国，它由南岛、北岛、斯图尔特岛及附近几十个小岛组成。在景色如画的新西兰，到处都有美丽的天然景观，极少有人工雕琢的痕迹。

新西兰是南太平洋上的一个岛国，由新西兰南岛、新西兰北岛、斯图尔特岛及附近几十个小岛组成。南岛山脉连绵，北岛丘陵起伏。新西兰大部分地区属于温带海洋性气候，降水丰沛，矿产、水力、渔业及动植物资源丰富。新西兰是世界上地热资源最为丰富的国家之一，沸泉、喷气孔、沸泥塘、间歇泉等地热现象多不可数。

惠灵顿

惠灵顿，早期被译为威灵顿，现在是新西兰的首都和政治中心，是仅次于奥克兰的全国第二大城市，也是大洋洲国家中人口最多的首都。惠灵顿地处新西兰北岛的南部，扼库克海峡咽喉，处于全国的中心位置，是往来南北二岛的交通枢纽。惠灵顿也是世界最佳深水港之一。惠灵顿三面青山环绕，一面临海，怀抱着尼科尔逊港。在海洋性气候的影响下，惠灵顿天气晴暖，阳光充沛。惠灵顿地处断层地带，

惠灵顿城市鸟瞰

除临海有一片平地外，整个城市依山而建。1855 年的一次大地震曾使港口受到了严重破坏，现在的惠灵顿是 1948 年后重建的。由于惠灵顿濒临海湾，加之地势较高，时常受到海风的侵袭，一年之中的大部分日子都刮风，因而有"风城"之称。

惠灵顿是世界上第一个全面建立国家福利事业的国家首都，也是最积极鼓励成立民族自治政府的城市，是全国政治、工业、金融的中心。惠灵顿还是全国第二大港和欧、亚远洋船只的补给站，也是最大的客运港。市区东南端有填海移山建成的现代化航空港。新西兰的鲜花常从这里运往国外。1865 年，惠灵顿取代奥克兰成为新西兰的首都。

惠灵顿是太平洋地区著名的旅游胜地。市内保存的古建筑有 1876 年修建的政府大厦，它是南太平洋最宏伟的木结构建筑之一；1866 年修建的雄伟的保罗大教堂；1904 年修建的市政大厅。著名的战争纪念馆建于 1932 年，里面的钟琴上有 49 个吊钟，钟上镌刻着第一次世界大战时新西兰人参战战场的名称。惠灵顿市中心分为四个风格截然不同的部分，游客在此能体验到惠灵顿不同的风土人情。风格和景色随着分区的不同而不同。

奥克兰是新西兰第一大城市，是全国工业、商业和经济贸易中

心，集中了全国近1/4的人口。奥克兰位于新西兰北岛的奥克兰区，它拥有五十多个小岛。一半是内陆城镇，一半是海边城镇的特点使之成为一个多元化的水世界。奥克兰在1841年—1865年为新西兰第二任首都（原首都拉塞尔，后迁都至现首都惠灵顿）。奥克兰是新西兰人口最多的城市，它位于两大海港之间，一些死火山点缀其间。居民的文化背景包含波利尼西亚、亚洲、英国和东欧的各种元素。奥克兰是新西兰的门户，美丽的海港、岛屿，波利尼西亚文化和现代大都市，这些元素组成了奥克兰的生活方式，并使之享誉世界。

奥克兰排名在"世界最佳居住城市"的第五名（2007年），素有"风帆之都"的美誉。置身于此，我们更能感受到奥克兰自然与现代完美相融的美丽与繁华。在怀特玛塔港中部，回首可望到奥克兰的城市天际，还可看到奥克兰的商务区和港口以及从地平面拔起、高耸入云的南半球最高建筑——天空塔。

1989年，奥克兰与中国广州市结为友好城市。1995年2月，奥克兰港与中国上海港结成姊妹港。1999年9月12日，亚太经合组织第七次领导人非正式会议在奥克兰举行。

汤加里罗国家公园

位于新西兰北岛中部的汤加里罗国家公园是一座占地795平方千米的小型国家公园。公园里分布着15座火山，它们呈线状排列，伸向东北。这些火山不是在近代曾经活动过，就是现在仍处于活动期中。

在这些火山中以瑙鲁霍伊、鲁阿佩胡和汤加里罗三座活火山最为著名。作为北岛最高点的鲁阿佩胡火山，海拔约达2 797米。瑙鲁霍伊火山终年烟雾缭绕。由于三座火山周围有着广阔的高原，形成了许多火山熔岩，因此这里也是世界上堆积火山岩最多的一个地方。三座火山的西侧雨量丰沛，茂密的原始森林蔓延成片。但同时因为这里风力大，地势高，不利

汤加里罗雪山美景

于高大树木的生存，所以这里的树木并不高。1894 年新西兰政府将包括三座火山和火山附近的地带辟为汤加里罗公园，经过上百年的精心维护，如今的汤加里罗国家公园已经成为新西兰最著名的旅游胜地之一。

新西兰特有的几维鸟也将这里选作它们的栖息地。这种鸟学名鹬鸵，又称无翼鸟，毛利人根据它的叫声给它起了"几维"这样一个名称。几维鸟无尾无翅，嘴长而腿短粗，夜出昼伏，以土中昆虫为食。它们体长约 0.24 米，体重二千克左右，一只几维鸟一年只产一枚蛋，蛋重达 0.5 千克，极为奇特。几维鸟是新西兰的象征，已被选为新西兰的国鸟，它的图案出现在新西兰的硬币和国徽上。

 小百科

毛利人是新西兰的少数民族，属蒙古人种和澳大利亚人种的混合类型，使用毛利语。毛利人的禁忌很多，信仰多神，崇拜领袖，有祭司和巫师，相传其祖先是 10 世纪后自波利尼西亚中部的社会群岛迁来的。